U0036368

依據國教院最新「國民小學科技教育及資訊教育課程發展參考說明」

課別	課程名稱	學習重點 - 學習
一	數位影像與 PhotoCap	資議 t-Ⅱ-1 體驗常見的資訊系統。 資議 a-Ⅱ-1 感受資訊科技於日常生活之重要性。 資議 a-Ⅱ-4 體會學習資訊科技的樂趣。 科議 a-Ⅱ-1 描述科技對個人生活的影響。 綜 2c-Ⅱ-1 蒐集與整理各類資源，處理個人日常生活問題。 藝 2-Ⅱ-2 能發現生活中的視覺元素，並表達自己的情感。
二	影像魔法變身秀	資議 t-Ⅱ-1 體驗常見的資訊系統。 資議 t-Ⅱ-2 體會資訊科技解決問題的過程。 科議 k-Ⅱ-1 認識常見科技產品。 綜 2d-Ⅱ-1 體察並感知生活中美感的普遍性與多樣性。 藝 1-Ⅱ-2 能探索視覺元素，並表達自我感受與想像。
三	向量卡通夢工廠	資議 t-Ⅱ-1 體驗常見的資訊系統。 資議 t-Ⅱ-2 體會資訊科技解決問題的過程。 資議 t-Ⅱ-3 認識以運算思維解決問題的過程。 數 s-Ⅱ-2 認識平面圖形全等的意義。 藝 1-Ⅱ-6 能使用視覺元素與想像力，豐富創作主題。
四	專屬公仔與個性圖章	資議 t-Ⅱ-1 體驗常見的資訊系統。 資議 t-Ⅱ-2 體會資訊科技解決問題的過程。 資議 a-Ⅱ-4 體會學習資訊科技的樂趣。 英 4-Ⅱ-3 能臨摹抄寫課堂中所學的字詞。 藝 1-Ⅱ-6 能使用視覺元素與想像力，豐富創作主題。
五	海報設計大賽	資議 t-Ⅱ-1 體驗常見的資訊系統。 資議 t-Ⅱ-2 體會資訊科技解決問題的過程。 科議 a-Ⅱ-1 描述科技對個人生活的影響。 國 5-Ⅱ-4 掌握句子和段落的意義與主要概念。 藝 1-Ⅱ-6 能使用視覺元素與想像力，豐富創作主題。
六	生活剪影萬花筒	資議 t-Ⅱ-1 體驗常見的資訊系統。 資議 p-Ⅱ-2 描述數位資源的整理方法。 綜 2c-Ⅱ-1 蒐集與整理各類資源，處理個人日常生活問題。 藝 1-Ⅱ-6 能使用視覺元素與想像力，豐富創作主題。
七	一寸光陰一寸金 -我的月曆	資議 t-Ⅱ-1 體驗常見的資訊系統。 資議 t-Ⅱ-2 體會資訊科技解決問題的過程。 科議 a-Ⅱ-2 體會動手實作的樂趣。 綜 2d-Ⅱ-1 體察並感知生活中美感的普遍性與多樣性。 藝 1-Ⅱ-6 能使用視覺元素與想像力，豐富創作主題。
八	臺灣著名景點寫真書	資議 t-Ⅱ-1 體驗常見的資訊系統。 資議 p-Ⅱ-2 描述數位資源的整理方法。 科議 a-Ⅱ-2 體會動手實作的樂趣。 社 2a-Ⅱ-1 表達對居住地方社會事物與環境的關懷。 藝 1-Ⅱ-6 能使用視覺元素與想像力，豐富創作主題。

本書學習資源

行動學習電子書

影音、動畫・高品質教學

完全教學網站

第1課　第2課　第3課　第

第1課 -

本課成果

學習目標
◆ 認識數位
◆ 安裝與設
◆ 影像裁切

電子書

單元	頁次	教學與學習活動
1-1	P08	神奇的影像處理
1-2	P11	數位影像的基本常識
1-3	P12	下載與安裝 PhotoCap
1-4	P14	認識 PhotoCap 介面
1-5	P16	小試身手
1-6	P22	探索 PhotoCap 能做些什麼
	P24	練功囉

範例練習用圖庫：延伸學習、個別差異

公仔素材

向量卡通圖案

依據十二年國教新課綱編寫，統整式課程設計，3D科技應用，創客課程，促進多元感官發展。

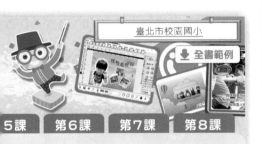

臺北市校園國小

全書範例

| 第5課 | 第6課 | 第7課 | 第8課 |

與 PhotoCap

▶ 全課播放

課程資源	播放檔	時間
	▶	01:02
什麼是數位影像 像素、影像大小與解析度	▶	01:45
校園學生資源網 PhotoCap - 校園下載	▶	01:53
認識 PhotoCap 介面	▶	03:30
範例下載	▶	01:11
	▶	00:23
素材下載	-	-

模擬介面・互動學習

工具列 2

最常用的功能按鈕

載入　儲存　列印　加外框　套模版

測驗遊戲・總結性評量

放大顯示數位影像，看到的一個個小方格，叫做？

1. 像素　　2. 畫素　　3. 解析度

造型印章、貼圖

多圖外框

 # 目錄

1 數位影像與 PhotoCap

綜 合　藝 術

2 影像魔法變身秀

綜 合　藝 術

大頭照與證件照

復古風　　色相 / 飽和　亮度 / 對比

縮圖頁

3 向量卡通夢工廠

數 學　藝 術

卡通公仔繪製

Hello Kitty　神奇寶貝 皮卡丘　QQ蛋

Fight !

李 小 明

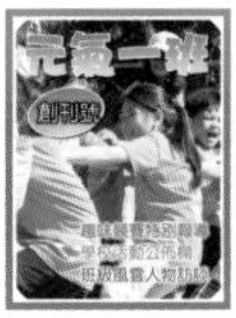

班刊封面

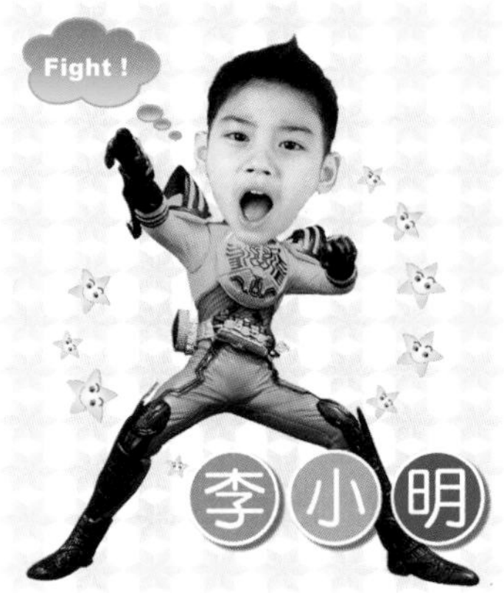

Show Me

專刊封面

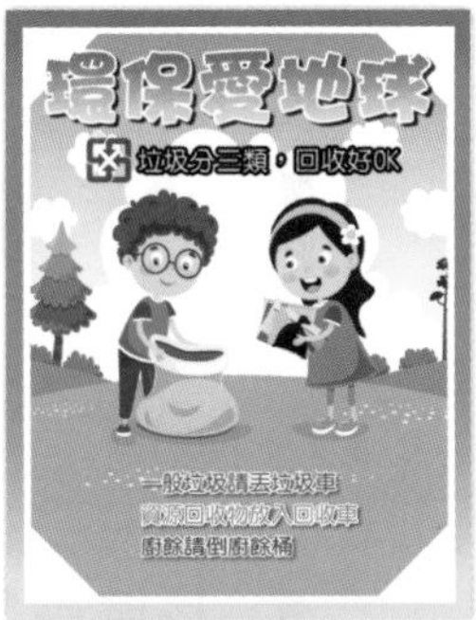

環保愛地球
垃圾分三類‧回收好OK

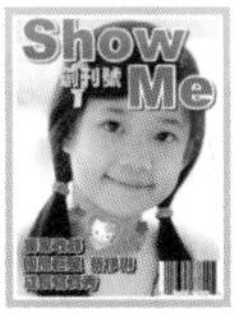

海報設計

仿製影像

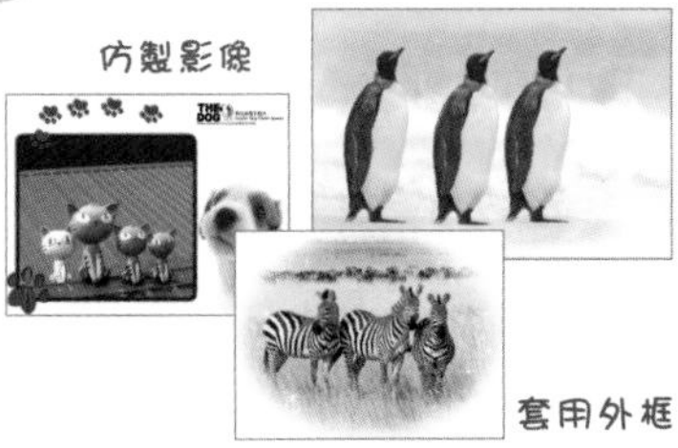

套用外框

多圖外框

自製外框

7 一寸光陰一寸金 - 我的月曆 綜合 藝術

封面

單月頁面

8 臺灣著名景點寫真書 社會 藝術

1 數位影像與PhotoCap

- 認識數位影像與 PhotoCap

本 課 重 點

◎ 認識數位影像
◎ 安裝與認識 PhotoCap
◎ 影像裁切與尺寸

統 整 課 程

綜 合　藝 術

神奇的影像處理

【影像處理】就是對影像做美化、修正、合成、加工...等的處理。在手機上，拍照後就可以馬上用 App 做美肌或修圖；如果要做更酷炫的影像處理，就將照片傳到電腦，用影像處理軟體來做囉！

▶ 拍照後，直接用手機 App 做處理

瞬間變成
可愛小公主！

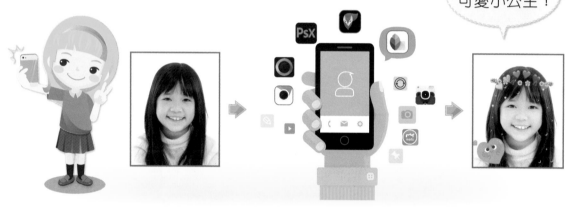

▶ 傳輸到電腦，用軟體做處理

這是
我的專屬造型，
很酷吧！

 老師說

在電腦上可以做影像處理的軟體有很多，其中 PhotoCap 就是一套功能豐富、又方便好用的影像處理軟體，而且它還是免費的喔！

▶ 常見的影像處理

改變

● 改變影像大小

影像處理就像
變魔術,
非常好玩喔!

2841 x 2034 像素 , 22.04 MB

1024 x 733 像素 , 2.86 MB

裁切

選取想要的區域,進行裁切
(影像左邊有一名路人亂入)

裁切後,左邊的路人就不見囉!

美化

● 打光

● 亮度 / 對比

● 影像轉正

● 濾鏡效果

加工

● 去背 / 合成

+

=

哇！
人氣大頭公仔耶！

(去背)　　　　　　　(合成)　　　　　　　(加上圖案、文字)

數位影像的基本常識

數位影像的類型有【點陣圖】與【向量圖】兩種，我們常常見到的數位照片，都是點陣圖 (關於【向量圖】，到第3課再詳細介紹！)。

▶ 像素與解析度

【點陣圖】的品質與單位，有兩個重要的元素，那就是【解析度】與【像素】。

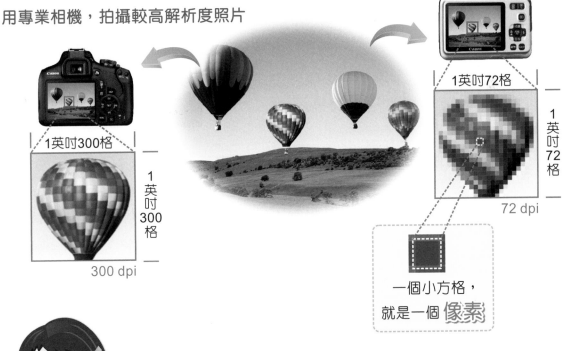

用普通相機，拍攝較低解析度照片

用專業相機，拍攝較高解析度照片

1英吋300格
1英吋300格
300 dpi

1英吋72格
1英吋72格
72 dpi

一個小方格，就是一個 **像素**

 像素與解析度的數字越大，代表影像品質越好越細緻，但檔案也越大。

像素	像素 (pixel) 是組成數位影像 (點陣圖) 的最小單位。
解析度	解析度的計算單位是【dpi】。 例如：解析度300dpi，就是1英吋的長與寬有300x300個像素。

▶ 影像大小

在點陣圖中，影像大小可分為【影像尺寸】與【列印尺寸】：

影像尺寸

· 影像尺寸越大，檔案大小也越大

· 數位影像的長寬尺寸，例如「800x600」，表示 800x 600 像素

列印尺寸

· 列印出實際的尺寸，例如：「A4」、表示為21x29.7公分

· 相同的列印尺寸，解析度越高，列印品質越好；反之則越模糊

▶ 常見的影像格式與差異

格式	透明背景	動畫支援	特　點	色彩
jpg	✗	✗	最常見的格式，常見於數位相片	全彩
gif	O	O	最常見於製作動畫	256 色
png	O	✗	最常用於網頁製作，影像品質佳	全彩

3 下載與安裝 PhotoCap

你可以到下列網站下載 PhotoCap：

本書光碟	校園學生資源網	老師的教學網站
光碟選單→軟體下載	good.eduweb.com.tw	位置：

▶ 安裝 PhotoCap

❶ 將下載的 PhotoCap 安裝檔，儲存到想要儲存的位置

小提示

你也可開啟儲存資料夾，點兩下 安裝檔，執行安裝。

❷ 下載完成，點擊執行下載的檔案

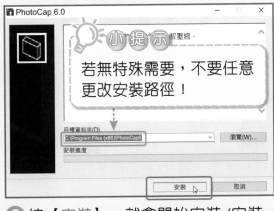

小提示

若無特殊需要，不要任意更改安裝路徑！

❸ 按【安裝】，就會開始安裝 (安裝完成後，會自動啟動 PhotoCap)

若出現
【使用者帳戶控制】
詢問視窗，
按【是】就可以
繼續安裝囉！

認識 PhotoCap 介面

依照老師指示、開啟 PhotoCap，一起來認識它的操作介面吧！

功能表 [1]

所有功能都放在這裡

工具列 [2]

最常用的功能按鈕

載入 儲存 列印 加外框 套模版

工具組 [3]

選取、繪圖、修片工具

前 / 背景色 [4]

最上面是前景色，下面是背景色；填色時，按左鍵填入前景色，按右鍵填入背景色

屬性面板 [5]

選擇工具後，顯示該工具的細部設定選項

快來認識我！

6 輔助工具列

編輯時的輔助按鈕，例如放大、縮小、復原...

7 工作編輯區

影像處理的工作區

8 物件工具列

最常用的加入物件按鈕

9 圖層面板

顯示物件圖層上下關係

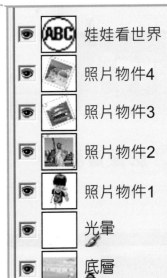

娃娃看世界
照片物件4
照片物件3
照片物件2
照片物件1
光暈
底層

10 常用功能面板

可瀏覽照片、物件、外框...等，並快速套用

5 小試身手

校外教學活動拍了許多的照片，但是亂入的行人有點傷腦筋耶！
練習透過 PhotoCap 的影像處理來解決問題，小試一下身手吧！

▶ 載入影像

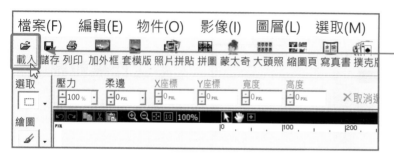

按 【載入】

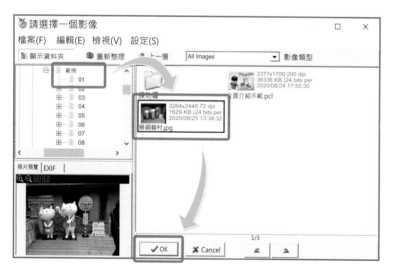

❷

點選【範例/ 01 / 猴硐貓
村.jpg】，再按【OK】

▶ 影像資訊

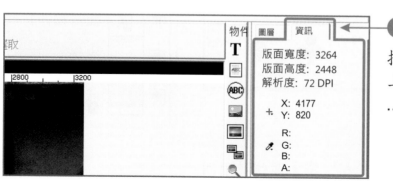

❶

按【資訊】標籤，在面板
上可看到寬、高、解析度
...等資訊

▶ 顯示比例

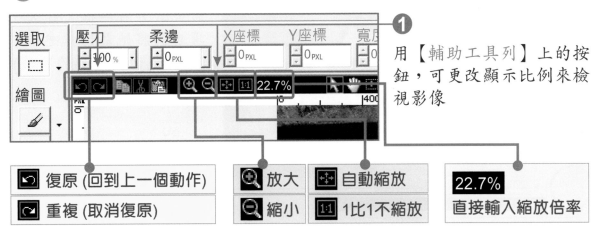

用【輔助工具列】上的按鈕，可更改顯示比例來檢視影像

🔙 復原 (回到上一個動作)	
🔁 重複 (取消復原)	

🔍 放大	➕ 自動縮放		
🔍 縮小	1:1 1比1不縮放		

22.7%
直接輸入縮放倍率

▶ 裁切影像

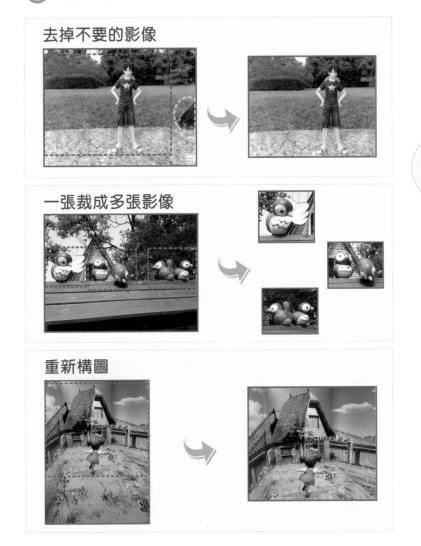

去掉不要的影像

一張裁成多張影像

重新構圖

什麼時候需要裁切影像？

❶

照片右方有一個人亂入，
讓我們將她裁切掉吧！
(順便裁切出想要的區域)

❷

按 🔲 【矩形選取】工具

❸

拖曳出圖示的選取範圍
(要保留的部分)

💡 小提示

將游標移到虛線內，可以
拖曳移動選取框喔！

然後按【裁切】

只保留想要的，
其他的通通裁掉囉！

▶ 更改影像尺寸

影像尺寸越大，檔案就越大，在網路上傳送的速度也越慢；若插入到 Word 文件，檔案也會變很大。透過【縮小影像尺寸】，就可幫影像減肥啦！

好重啊！

超輕鬆！

1024x733 檔案2MB

2841x2034 檔案22MB

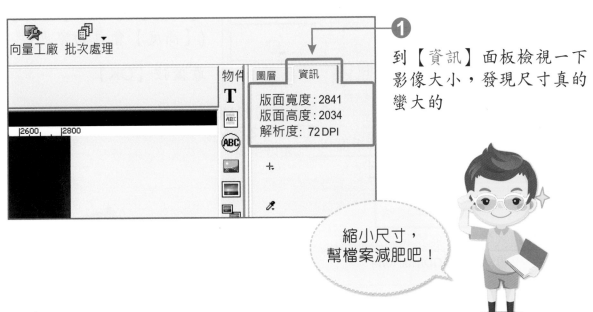

向量工廠　批次處理

物件

圖層　資訊

版面寬度 : 2841
版面高度 : 2034
解析度 : 72 DPI

1 到【資訊】面板檢視一下影像大小，發現尺寸真的蠻大的

縮小尺寸，
幫檔案減肥吧！

老師說

數位影像 (點陣圖) 的圖檔尺寸愈大，代表要儲存的像素數量也就愈多，檔案自然就大囉！

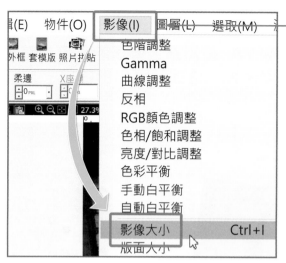

②

按【影像 / 影像大小】

③

勾選
【強制等比例】與【所有物件圖層一併調整】

【寬度】更改為【1024】
(【高度】會自動變更)

最後按【OK】

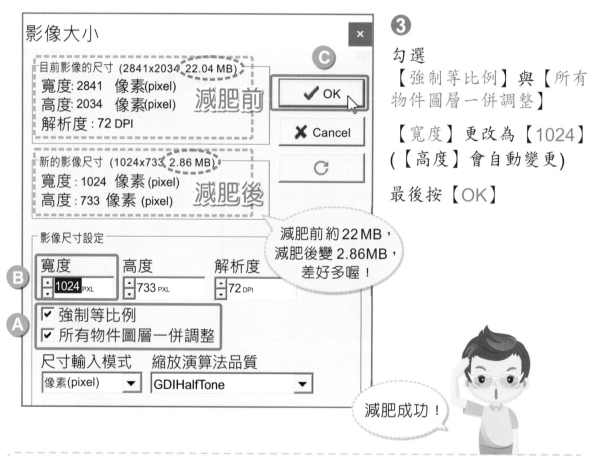

影像大小

目前影像的尺寸 (2841x2034 22.04 MB)
寬度: 2841 像素(pixel)
高度: 2034 像素(pixel)   減肥前
解析度: 72 DPI

C ✓ OK
✗ Cancel

新的影像尺寸 (1024x733 2.86 MB)
寬度: 1024 像素 (pixel)
高度: 733 像素 (pixel)   減肥後

減肥前約 22 MB，
減肥後變 2.86 MB，
差好多喔！

影像尺寸設定
B 寬度   高度   解析度
1024 PXL   733 PXL   72 DPI

A ☑ 強制等比例
☑ 所有物件圖層一併調整

尺寸輸入模式   縮放演算法品質
像素(pixel) ▼ GDIHalfTone ▼

減肥成功！

完成的練習成果，當然要儲存起來囉！

為了方便檔案管理，先在電腦裡建立專用資料夾 (或老師指定的資料夾)
來存放本書所有練習成果吧！

▶ 另存影像

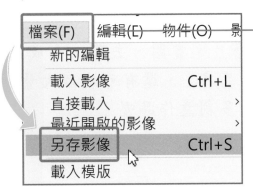

❶
按【檔案 / 另存影像】

小 提 示

【另存影像】才不會把原
來的檔案覆蓋掉喔！

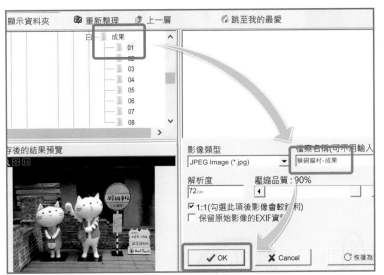

❷
點開儲存資料夾、輸入檔
名，按【OK】

練習成果就儲存起來囉！

▶ 延伸應用
完成的作品，還可以這樣應用喔！

在 第 6 課 中會做
『加外框』練習。

加上外框更顯特別（還可以網路分享給朋友或列印出來） 設為電腦桌布

探索 PhotoCap 能做些什麼

用【PhotoCap】不僅可修片、畫圖、去背、合成、設計海報、套外框、特效、做月曆、寫真書...，還有可處理大量影像的批次功能！發揮創意，能夠製作出更多創意作品喔！

修片與大頭照

繪圖與圖案設計

影像去背與合成

 +  =

平面設計 (海報、封面...)

仿製與套用外框

特效與藝術字

套用各式模版 - 月曆與寫真書...

( ) 1 可以在電腦上顯示的影像，叫做 ？

　　1.一般影像　　　　2.數位影像　　　3.傳統影像

( ) 2 放大顯示數位影像，看到的一個個小方格，叫做 ？

　　1.像素　　　　　　2.解析度　　　　3.畫素

( ) 3 下面哪一個是影像處理軟體 ？

　　1.Word　　　　　　2.Impress　　　　3.PhotoCap

( ) 4 想降低影像的檔案大小，可以用什麼辦法 ？

　　1.縮小影像尺寸　　2.添加濾鏡特效　　3.加入外框

開啟範例資料夾中的【01/練功囉/吉米公園.jpg】，裁掉左方路人 (保留想要的部分)，更改影像尺寸、幫檔案減肥吧！

示範參考

輕輕鬆鬆就完成囉！

2 影像魔法變身秀
- 美化相片、模版套用與批次處理

大頭照與證件照

亮度 / 對比

復古風

色相 / 飽和

縮圖頁

本 課 重 點

◎ 學會拍照的基本技巧

◎ 影像處理 - 認識與應用

◎ 模版套用 - 大頭照與縮圖頁

◎ 圖片整理 - 檔案批次處理

統 整 課 程

綜合　藝術

拍照的基本技巧

用數位相機或手機拍照,是稀鬆平常的事。但為何有人拍的照片就是比較好看呢?記得以下四個口訣,你也可以是拍照高手喔!

手拿穩 ●●●

雙手拿相機拍照、保持穩定(單手拍照容易晃動)!若有三腳架或物件可固定相機,那是最好。

光線夠 ●●●

拍攝的環境光線要充足(尤其是室內),必要時,可用閃光燈來補強光源;也要避免螢幕中主角背對光源(背光)拍攝。

對焦準 ●●●

照相手機大多會自動對焦,務必等到主題影像變清晰(或點一下主題進行對焦)之後,再按下快門。

構圖佳 ●●●

拍照最基本的構圖法,就是井字構圖。將主題盡量放在線條的交叉點上或附近,拍出來的照片看起來會比較舒服、耐看。

 老師說

拍照後,若真的不夠理想,只要不是太糟,都可以用影像處理軟體來進行調整、美化喔!

2 美化影像超簡單

有些照片拍得不是很滿意，又無法回現場重拍，刪除又太可惜...該怎麼辦呢？用 PhotoCap 來美化看看，搞不好會有驚喜喔！

▶ 亮度 / 對比調整

拍照時光線不足，拍出暗暗的照片。

試著來調整一下它的【亮度/對比】吧！

調整後，連後方的文字都變清晰了！

\user\Documents\範例\02\01-亮度對比調整.png

輯(E)　物件(O)　影像(I)　圖層(L)　選取(M)　濾鏡(T)　檢視(V)　功

色階調整
Gamma
曲線調整
反相
RGB顏色調整
色相/飽和調整
亮度/對比調整
色彩平衡

❶ 載入【範例 / 02 / 01-亮度對比調整.png】

然後再按【影像 / 亮度/對比調整】

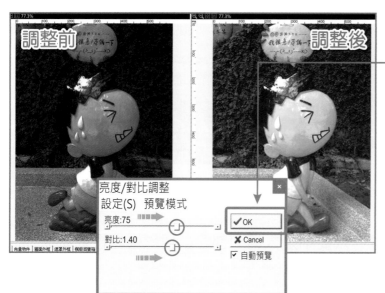

亮度/對比調整
設定(S)　預覽模式
亮度:75
對比:1.40
☑ 自動預覽
✓ OK
✗ Cancel

❷ 拖曳亮度與對比的 □ 捲軸鈕，直到滿意為止

再按【OK】

完成後記得要【另存影像】喔！

▶ 色相 / 飽和度調整

受室內光線的影響，可能會拍出色偏且鮮豔度不夠的照片。

用【色相/飽和】來調整看看吧！

調整後，變得鮮豔可口囉！

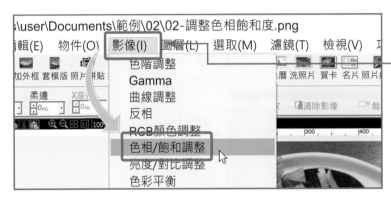

❶

載入【範例 / 02 / 02-調整色相飽和度.png】

然後再按【影像 / 色相/飽和調整】

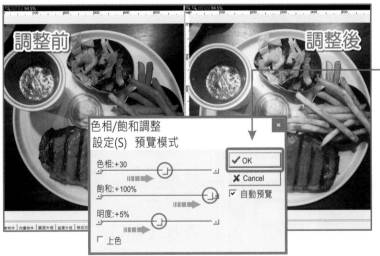

❷

拖曳色相、飽和與明度的 ▢ 捲軸鈕，直到滿意為止再按【OK】

 老 師 說

調整完色相與飽和後，如果仍有色偏的現象，可以試試【影像/色彩平衡】喔！

▶ 影像轉正

拍照時相機沒拿正，讓風景歪掉了！

沒關係，讓我們將它轉正吧！

歪掉的艾菲爾鐵塔立正站好囉！

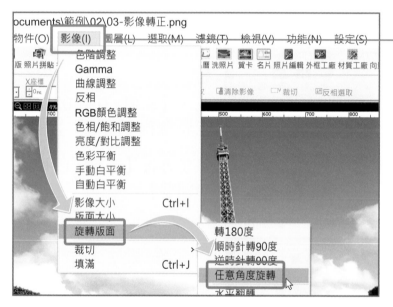

1

載入【範例/02/03-影像轉正.png】

按【影像/旋轉版面/任意角度旋轉】

2

勾選【自動置中裁切】

按幾下角度的 ▲，直到滿意為止

再按【OK】

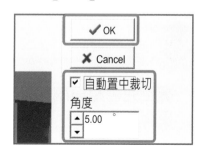

▶ 濾鏡特效

用【濾鏡特效】可以
讓照片呈現特殊的視
覺效果。

讓我們試著製作一張
復古感覺的照片吧！

老照片的感覺，
別有一番風味！

瀏覽照片 | 影像物件 | 向量物件 | 圖面外框 | 邊覽外框 | 模版百寶箱 | 照片形狀 | 照片變形 | 照片濾鏡 | 匯入

濾鏡設定　灰階　泛黃褪色　紅色色調　綠色色調　藍色色調　黃色色調　青色

1

載入【範例/02/04-濾鏡
特效.png】

按【照片濾鏡】標籤，拖
曳【泛黃褪色】到照片上
，即可套用該特效

泛黃褪色

浮雕　LOMO風格　掃瞄線　磁磚效果　邊緣偵測　油畫　描邊繪圖

【LOMO風格】簡單來說就是：
四周暗中間亮(暗角)的一種色調。

2

再拖曳【LOMO風格】到
照片上，就會呈現更濃厚
的復古風囉！

LOMO風格

▶ 打光調亮膚色

拍照時，人物的臉部太暗了！

用【打光】功能，就能讓人的膚色明亮、容光煥發！快來試試吧！

黯沉的膚色
變得白白嫩嫩！

①

載入【範例/02/05-打光調亮膚色.png】

點選【修片】選項下的 💡 【打光】

大小	壓力	柔邊	曝光
100 PXL	100 %	25 %	5

②

設定約如圖示

較狹窄的地方，
更改【大小】約【25】
再塗抹更順手喔！

③

拖曳塗抹臉部、脖子及手部，整個人就容光煥發起來囉！

▶ 凸顯主題

> 照片背景太雜亂，讓主題顯得不清楚。就用【模糊效果】凸顯主題吧！

> 背景模糊 (虛化)，
> 主題就清楚多囉！

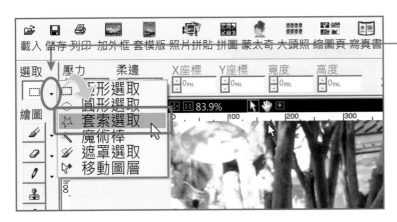

❶ 載入【範例 / 02 / 06-凸顯主題.png】

按 ▢ 旁的下拉方塊，點選 ✣【套索選取】

❷ 柔邊設定約【20】

 ❸

按住左鍵，如圖示，先沿著主題邊緣拖曳出虛線、再往外圈選出背景區域(終點回到起點時，放開左鍵)

> 虛線經過背景外的灰色區域時，可隨興一點，歪歪的也沒關係喔！

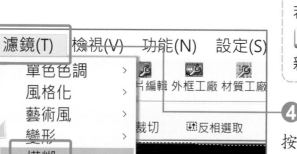

💡 小提示

若不滿意圈選結果，可按 Ctrl + Z 復原後，重新圈選。

❹

按【濾鏡 / 模糊】

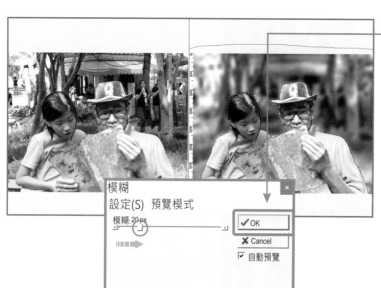

 ❺

拖曳 □ 捲軸鈕，直到滿意的模糊程度，按【OK】

💡 小提示

> 若有一些小區域的模糊程度不盡理想，可以圈選該區域，再進行一次模糊處理。

3 PhotoCap 工作檔與專案檔

工作檔 (.pcl)

在 PhotoCap 主畫面所製作儲存的原始檔，稱為【工作檔】，會保留所有獨立的物件圖層，可開啟繼續編修，開啟方法是：

啟動 PhotoCap 後，按 [載入]，再點選檔案。

專案檔 (.pbp、.pcv...)

於各類功能 (例如：大頭照...等) 所製作儲存的檔案，統稱【專案檔】，會保留模版樣式與獨立物件，亦可開啟繼續編修。以【大頭照】為例，開啟的方法是：

Ⓐ 啟動 PhotoCap 後，按 [大頭照]

Ⓑ 點選【載入專案】，再點選專案工作檔。

口訣：在哪裡做的，就在哪裡開啟

工作檔與專案檔格式

專案檔	副檔名
工作檔	.pcl
【縮圖頁】專案檔	.pdp
【向量工廠】向量檔	.pcv
【大頭照】專案檔	.pbp
【桌曆】專案檔	.plp
【寫真書】專案檔	.pep

常見的 .jpg、.png 格式圖檔，只要用圖片檢視器或看圖軟體即可觀看。但左示的格式檔案，就只能用 Photocap 才能開啟喔！

4 可愛的大頭照

常用手機 APP 軟體，將所拍的大頭照加上可愛、有趣裝飾圖案，
顯得更特別；但...想要列印出來，貼在個人標示上，該怎麼做呢？

手機拍的大頭照，
再用 APP 軟體
加上可愛裝飾！

套用 PhotoCap【大頭照】模版來列印，簡單又方便喔！

用同樣的技巧，也可以自己沖洗(列印)證件照喔！

自己列印，
省時又省錢！

證件照

班級活動繳交大頭照

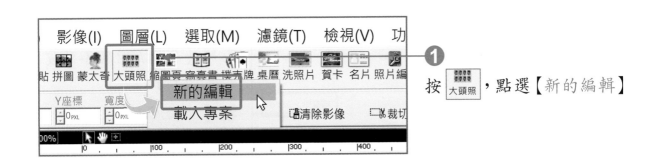

按 █ 大頭照 ，點選【新的編輯】

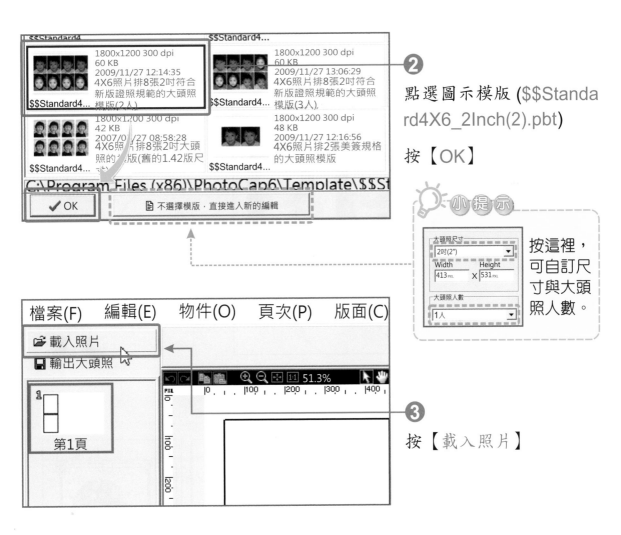

② 點選圖示模版 ($$Standard4X6_2Inch(2).pbt)

按【OK】

小提示

按這裡，可自訂尺寸與大頭照人數。

③ 按【載入照片】

 老師說

生活上常碰到需要的證件照，例如身分證、學生證、護照...等等，都可以選用適合的【大頭照】模版來製作，並自行列印出來喔！

④

點開【範例/02/08-可愛的大頭照】

按【加入所有的照片】

然後按【OK】

耶！
大頭照成功！

如果想要細部調整照片：

先點選圖層，再到上方窗格中，可設定照片的顯示大小與位置。

拖曳控點 → 設定顯示大小
拖曳顯示框 → 設定位置

▶ 儲存專案檔

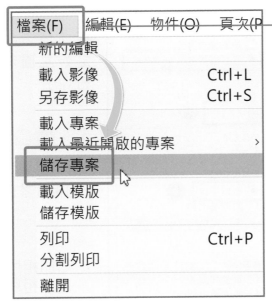

❶

按【檔案 / 儲存專案】

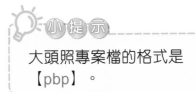

小提示

大頭照專案檔的格式是
【pbp】。

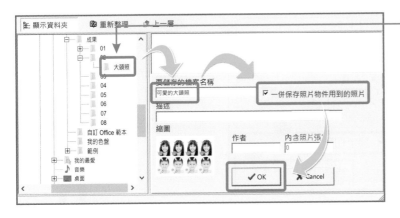

❷

點開儲存資料夾

輸入檔名

勾選【一併保存照片物件
用到的照片】

按【OK】

趕快記下來！

想把大頭照專案檔
Copy 帶走，儲存時
一定要勾選保存
用到的照片喔！

▶ 自己洗 (列印) 照片

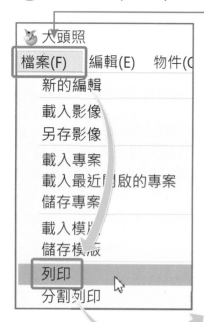

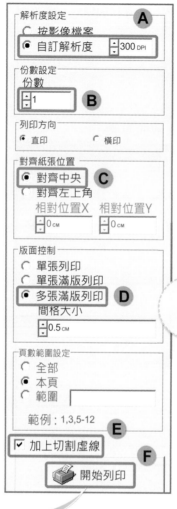

① 按【檔案 / 列印】，再設定如左圖示後，按【開始列印】

💡 小 提 示

解析度設 300 以上，列印的相片才會細緻、清晰。

可印相片的印表機加上相片專用紙，就可在家直接列印，省時、省錢、又方便喔！

把好朋友們一起放進來列印！

 老 師 說

同樣的技巧，還可以將多人的大頭照放在同一個模版上，一次完成沖洗 (列印) 喔！

另外，存成JPG圖檔，也可以拿到沖印店或是沖印機列印照片。

(設定多人大頭照方法，請參考 P37 小提示)

班級活動繳交大頭照

5 熱鬧的縮圖頁

縮圖頁？可不是把照片縮到很小喔！而是將很多張組合在一起，用一張影像，就可呈現出多樣、熱鬧的感覺！很厲害吧！

▶ 套用模版

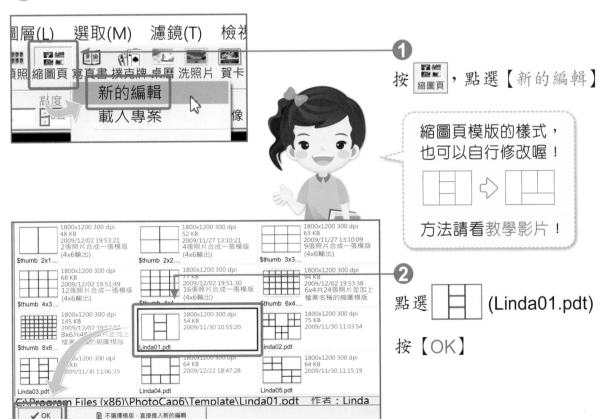

① 按 [縮圖頁]，點選【新的編輯】

縮圖頁模版的樣式，也可以自行修改喔！

方法請看教學影片！

② 點選 (Linda01.pdt)

按【OK】

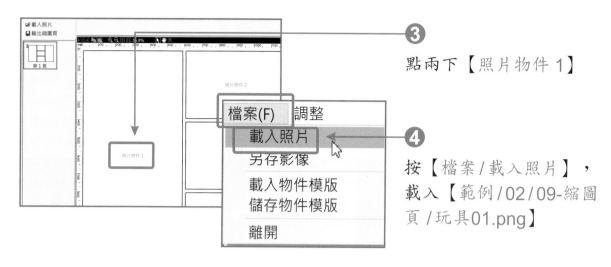

③

點兩下【照片物件1】

④

按【檔案/載入照片】，
載入【範例/02/09-縮圖
頁/玩具01.png】

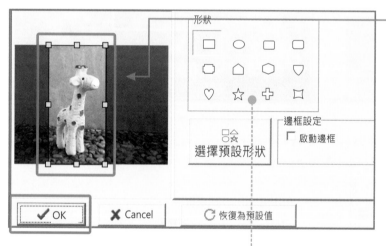

⑤

游標移到顯示框中，拖曳
調整顯示區域如圖示

然後按【OK】

小提示

拖曳顯示框可調整位置；
拖曳控點可調整顯示大小

小提示

在【形狀】項目下，還可
以點選、更改照片的形狀
喔！

⑥

使用相同方法，陸續載入
其他照片(玩具02~玩具
05.png)

加入影像物件

1 按 【影像物件】

2 點選圖示物件，按【OK】

3 拖曳控點放大物件、移動到想要的位置

4 再按一次 ，然後按【匯入檔案】

接著開啟【範例 / 02 / 09 -縮圖頁 / 06-小狗.png】

匯入我啦！
汪汪~

⑤ 點選匯入的小狗圖案，然後按【OK】

💡 小 提 示

也可以加入本書送你的【可愛圖案】喔！

⑥ 調整縮小物件、移動到圖示位置

▶ 儲存專案檔與輸出縮圖頁

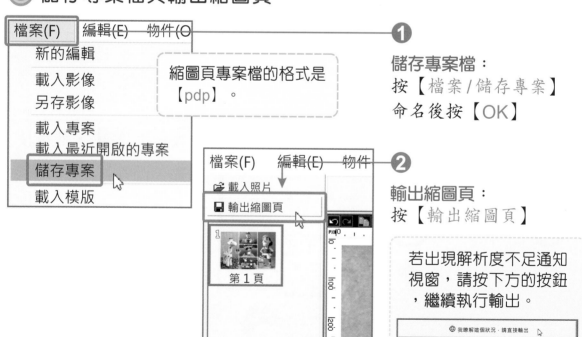

縮圖頁專案檔的格式是【pdp】。

① 儲存專案檔：
按【檔案 / 儲存專案】
命名後按【OK】

② 輸出縮圖頁：
按【輸出縮圖頁】

若出現解析度不足通知視窗，請按下方的按鈕，繼續執行輸出。

😊 我瞭解這個狀況，請直接輸出

其他縮圖頁成果示範

多圖組合,用
【縮圖頁】就對了!

進 階 練 習 圖 庫　可愛圖案

在本書光碟【進階練習圖庫】資料夾中,有很多【可愛圖案】(影像物件與向量物件)提供你練習使用喔!

6 省時省力的批次處理

當很多張照片，需要做相同的影像處理時，可以用【批次處理】，將它們一次全部處理完畢！一起來練習吧！

> 將指定資料夾中所有檔案，
> 批次更改格式為【JPEG】、更改DPI為【72】、
> 設定寬度皆為【1024】，並且加上外框吧！

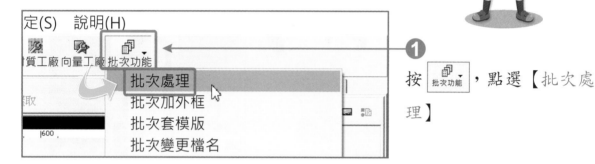

① 按 [批次功能]，點選【批次處理】

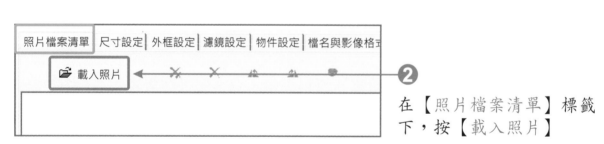

② 在【照片檔案清單】標籤下，按【載入照片】

③ 點開【範例 / 02 / 10-批次處理】

按【加入所有的照片】，再按【是】然後按【OK】

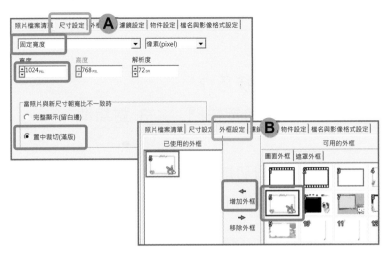

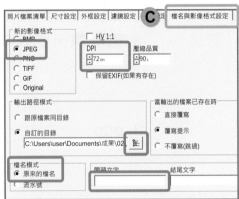

④

Ⓐ 尺寸設定：
- 固定寬度
- 寬度輸入【1024】
- 點選【置中裁切】

Ⓑ 外框設定：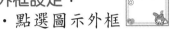
- 點選圖示外框
- 按【增加外框】

Ⓒ 檔名與影像格式設定：
- 點選【JPEG】
- DPI 輸入【72】
- 按 自訂儲存資料夾(例：【成果 / 02 / 批次處理】)
- 檔名模式點選【原來的檔名】
- 刪除開頭文字的內容

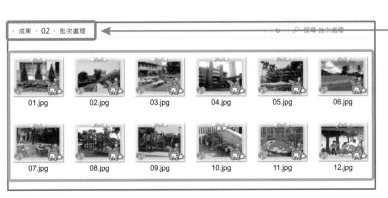

⑤

按【開始批次處理】，就會依設定，批次處理所有載入的照片囉！

⑥

開啟儲存資料夾，就會看到批次處理後的成果

01.jpg	02.jpg	03.jpg	04.jpg	05.jpg	06.jpg
07.jpg	08.jpg	09.jpg	10.jpg	11.jpg	12.jpg

( ) **1** 下面哪個不是拍照的基本技巧？

　　　　1. 手拿穩　　　　2. 用力按快門　　　3. 對焦準

( ) **2** 照片太暗，可以試試哪個功能來調整？

　　　　1. 亮度／對比　　　2. 色相／飽和　　　3. 去除黑斑疤痕

( ) **3** 照片色偏，可以試試哪個功能來調整？

　　　　1. 色相／飽和　　　2. 亮度／對比　　　3. 去除黑斑疤痕

( ) **4** 大頭照專案檔的格式是？

　　　　1. pcl　　　　　　2. pbp　　　　　　3. pdp

使用【範例／02／練功囉】的照片，製作一張美食縮圖頁吧！
(在【選取】標籤下，可以設定每張照片的形狀喔！)

示範參考　　　　設定照片形狀

3 向量卡通夢工廠

- 繪製向量卡通圖案

卡通公仔繪製

Hello Kitty

神奇寶貝
皮卡丘

QQ鴨

本 課 重 點

◎ 認識向量圖

◎ 知道圖層的重要性

◎ 認識 PhotoCap 向量工廠

◎ 學會向量繪圖

統 整 課 程

數 學   藝 術

1 什麼是向量圖

數位影像，除了之前學到的【點陣圖】外，還有【向量圖】喔！讓我們用比較的方式，來了解什麼是【向量圖】：

向量圖

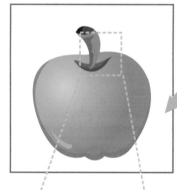

向量圖是用
【點、線、面】的運算
形成的；
放大依舊清晰。

點陣圖

放大依舊清晰

點陣圖是由很多
小方格 (像素) 構成的；
放太大的話，
會變模糊、失真。

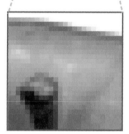

放太大會變模糊

● PhotoCap 可編輯點陣圖、也可繪製向量圖。

類型	特性	副檔名	常見於...
向量圖	・檔案大小與解析度無關 ・構圖與色彩較簡單 ・放大依舊清晰	.ai .svg .pcv...	・用向量軟體畫的圖片 ・Inkscape 或 PhotoCap 　的向量圖庫
點陣圖	・解析度越高、檔案越大 ・有較豐富的色彩變化 ・放大會失真呈現鋸齒狀	.jpg .png .gif...	・手機、數位相機拍攝 　的照片 ・網頁圖片

2 妙用無窮的圖層

【圖層】就像是一張張印著不同圖案的透明片,它們層層相疊,但又各自獨立。透過圖層的上下順序編排,就可以組合出想要的圖案或影像喔!

從上往下看(俯視)的角度!

上、下,可以搬來搬去!

上 👁 照片物件3	👁 照片物件3	👁 照片物件3
中 👁 照片物件2	👁 照片物件2	👁 照片物件2
下 👁 照片物件1	👁 照片物件1	👁 照片物件1
正確的圖層編排	五年一班 被遮住	五年一班 與 🐻 被遮住

繪製臉型、眼睛、鼻子與腮紅

可愛的皮卡丘有著圓圓的頭、大大的眼睛與小小的鼻子、還有兩個圓腮紅，觀察好這些特徵後，讓我們開始畫吧！

來畫我吧！
從這裡開始~

想要繪製向量圖案，就到「向量工廠」喔！

▶ 用幾何圖形來畫臉 - 設定線條 / 底色

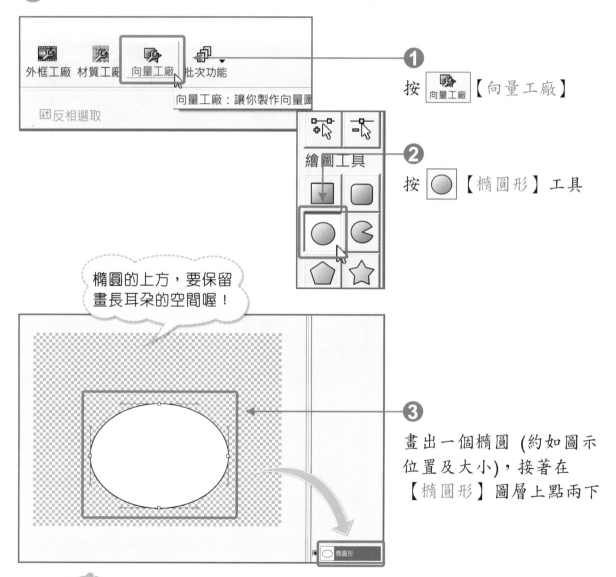

① 按 【向量工廠】

② 按 ⬤【橢圓形】工具

橢圓的上方，要保留畫長耳朵的空間喔！

③ 畫出一個橢圓 (約如圖示位置及大小)，接著在【橢圓形】圖層上點兩下

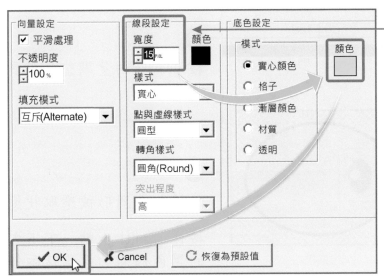

向量設定
☑ 平滑處理
不透明度
100 %
填充模式
互斥(Alternate)

線段設定
寬度
15 PIXEL
顏色 ■
樣式
實心
點與虛線樣式
圓型
轉角樣式
圓角(Round)
突出程度
高

底色設定
模式
⦿ 實心顏色
○ 格子
○ 漸層顏色
○ 材質
○ 透明
顏色

✔ OK   ✘ Cancel   ↻ 恢復為預設值

4
線段設定寬度為【15】
底色設定顏色為
按【OK】

▶ 用幾何圖形來畫眼睛 - 複製 / 翻轉

1

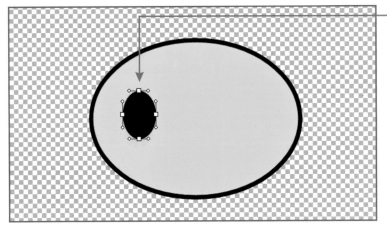

繼續畫出約如圖示橢圓

> 線段寬度設為 0
> 底色設定為 ■

當繪製第2個物件後，右下方就會新增出第2個圖層。

橢圓形
橢圓形

2

再畫出約如圖示圓形

> 線段寬度設為 0
> 底色設定為 □

小提示

按住 Shift ，再拖曳繪製，可畫出正圓形。

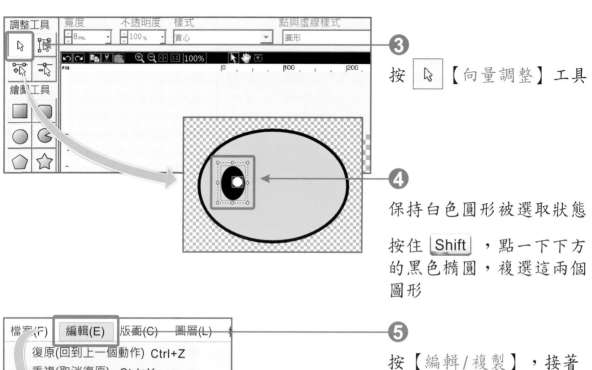

③
按 ⌖ 【向量調整】工具

④
保持白色圓形被選取狀態

按住 Shift ，點一下下方的黑色橢圓，複選這兩個圖形

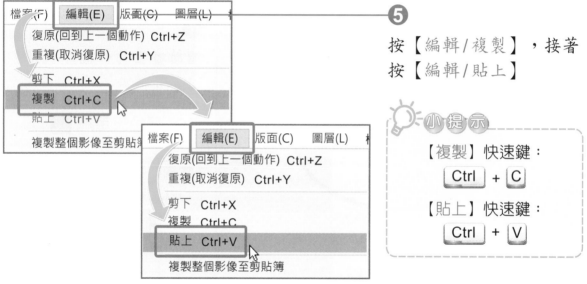

⑤
按【編輯/複製】，接著按【編輯/貼上】

💡 小提示
【複製】快速鍵：
Ctrl + C
【貼上】快速鍵：
Ctrl + V

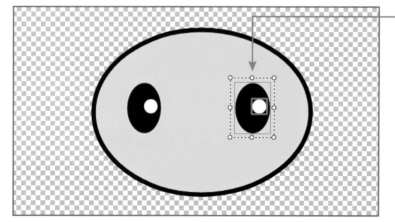

⑥
使用鍵盤的向右鍵 ➡，移動複製圖案到圖示位置

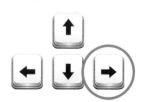

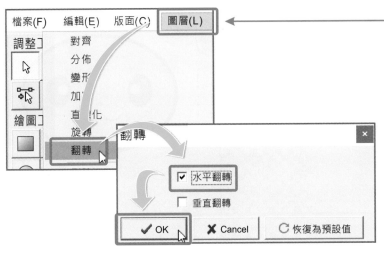

⑦

按【圖層 / 翻轉】

勾選【水平翻轉】後，按
【OK】，眼睛就畫好了

水平翻轉

垂直翻轉

⑧

畫出一個黑色小圓形鼻子

再繪製兩個粉紅色的圓形
腮紅

圖案對齊

如果想要讓圖案(物件)對齊，整齊的排列，可以這樣做：

Ⓐ 複選圖案後，按下方的【對齊】鈕。

Ⓑ 再做對齊的
設定：

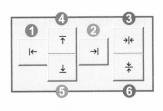

①

向左對齊

②

向右對齊

③

水平置中

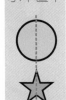

④ 向上對齊

⑤ 向下對齊

⑥ 垂直置中

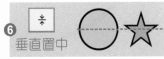

用曲線繪製嘴巴

現在臉上還缺少什麼呢？還缺少微笑的嘴巴！
這時候，需要用曲線來繪製囉！趕快來畫吧！

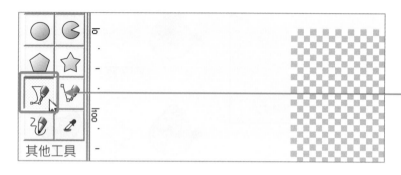

1

按 【貝塞爾曲線】工具

小提示

其他繪圖軟體常稱呼的【
貝茲曲線】，就是向量工
廠中的【貝塞爾曲線】。

2

先按一下左鍵，建立第1
個點

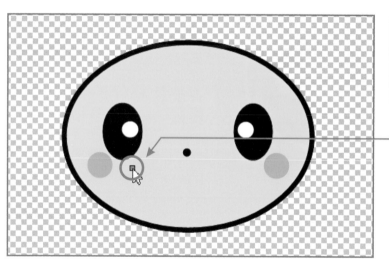

3

向右移動游標，拉出一條
直線後，再按一下左鍵，
建立第2個點

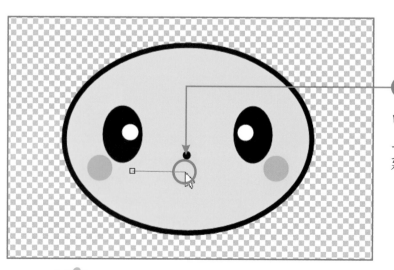

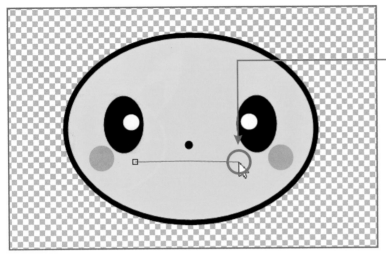

4 游標繼續向右移動，最後按一下右鍵，完成一條有3個節點的線條

小提示

畫曲線與直線的口訣：

按左鍵 → 新增 (節點)

按右鍵 → 結束 (繪製)

當游標出現 🖑 圖示時，就可拖曳移動節點。

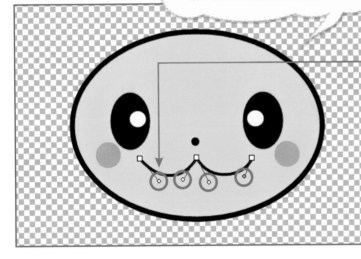

5 分別按住 ◇ 控點，向下拖曳，讓直線變曲線吧！

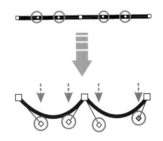

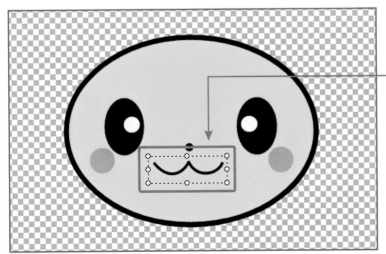

6 按 🔖，拖曳選取框控點，調整曲線大小，並拖曳到圖示位置，微笑的嘴巴就完成囉！

繪製耳朵與編輯節點

接著來畫耳朵吧！可是皮卡丘的耳朵好像尖尖的，末端還黑黑的…該怎麼畫呀？一點都不難喔！畫橢圓、調整節點，簡單啦！

▶ **繪製橢圓與調整形狀**

1

使用 ⬤，畫出一個圖示橢圓

> 線段寬度設為 15
> 底色設定為 ▨

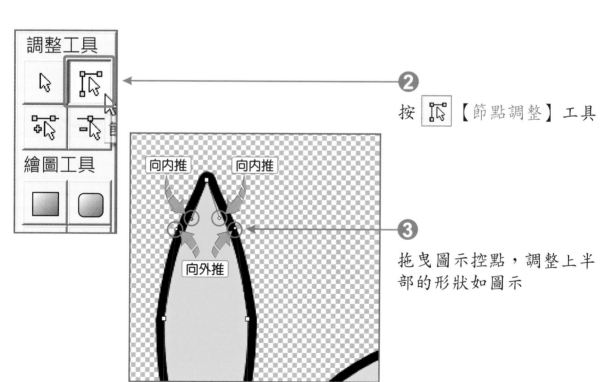

2

按 【節點調整】工具

3

拖曳圖示控點，調整上半部的形狀如圖示

▶ 刪除節點與調整形狀

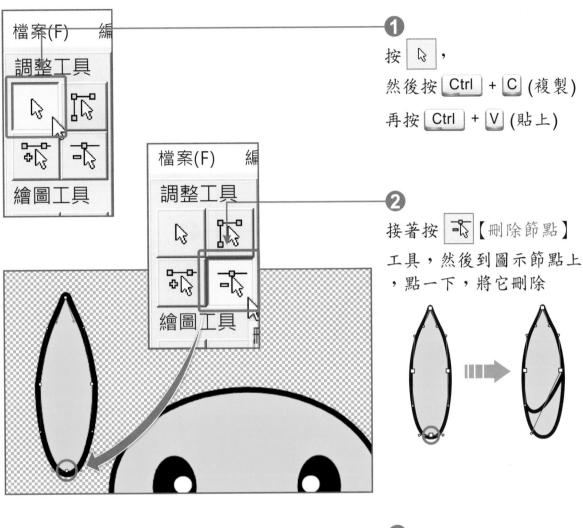

①

按 [↖]，

然後按 [Ctrl] + [C] (複製)

再按 [Ctrl] + [V] (貼上)

②

接著按 [–↖]【刪除節點】
工具，然後到圖示節點上
，點一下，將它刪除

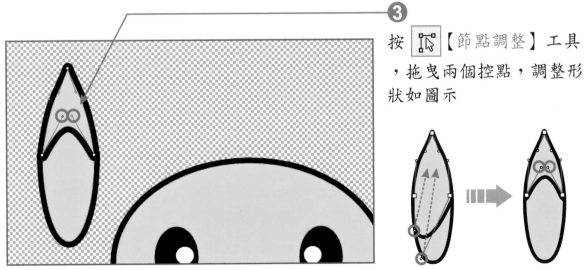

③

按 [↖]【節點調整】工具
，拖曳兩個控點，調整形
狀如圖示

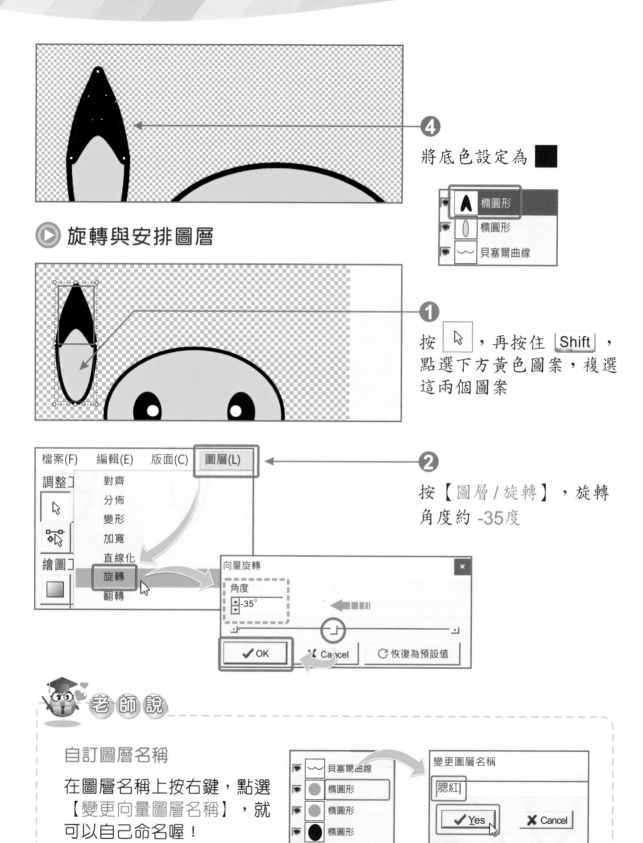

④

將底色設定為 ■

▶ 旋轉與安排圖層

①

按 [⌖] ，再按住 Shift ，
點選下方黃色圖案，複選
這兩個圖案

👁	A	橢圓形
👁	〇	橢圓形
👁	〜	貝塞爾曲線

檔案(F)　編輯(E)　版面(C)　圖層(L)

調整
　　　對齊
　　　分佈
　　　變形
　　　加寬
　　　直線化
繪圖　旋轉
　　　翻轉

向量旋轉

角度
-35°

✓ OK　　✗ Cancel　　C 恢復為預設值

②

按【圖層/旋轉】，旋轉
角度約 -35度

老師說

自訂圖層名稱

在圖層名稱上按右鍵，點選
【變更向量圖層名稱】，就
可以自己命名喔！

👁	〜	貝塞爾曲線
👁	〇	橢圓形
👁	〇	橢圓形
👁	●	橢圓形

變更圖層名稱

腮紅|

✓ Yes　　✗ Cancel

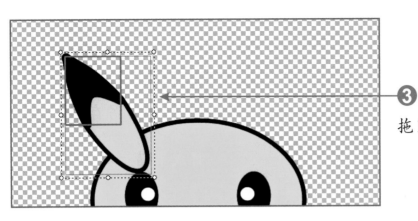

❸

拖曳圖案到約圖示位置

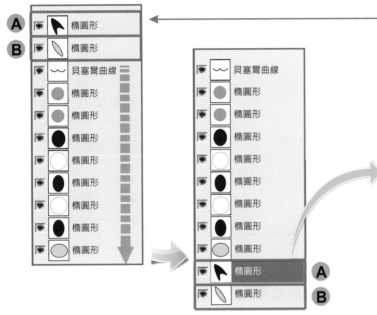

❹

到【圖層】面板，拖曳耳
朵的兩個圖層到最下方，
安排如圖示

❺

使用複選、複製、翻轉與
拖曳圖層的技巧，製作出
另一個耳朵，可愛的皮卡
丘就畫好囉！

▶ 儲存向量檔

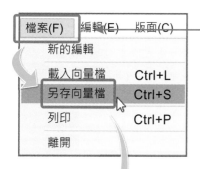

小提示

向量圖專案檔的格式是【pcv】，可保存所有工作圖層，方便日後修改編輯喔！

① 按【檔案/另存向量檔】，命名為【皮卡丘】，將成果儲存起來

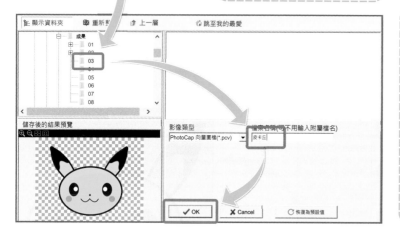

小提示

存檔時，影像類型點選【PNG】，可儲存成透明背景的影像(點陣圖)。

懂更多 儲存向量圖到 PhotoCap 圖庫

你也可以將向量圖儲存到 PhotoCap 的向量圖庫路徑下，這樣以後就可以在主畫面按 【向量圖形物件】，取用該向量圖來使用喔！

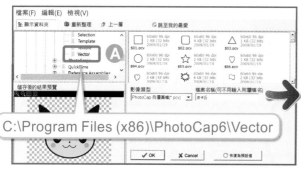

C:\Program Files (x86)\PhotoCap6\Vector

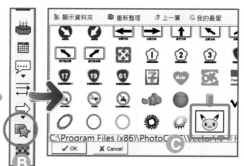

Ⓐ 儲存到 PhotoCap 向量圖庫資料夾中。

Ⓑ 在主畫面右方，按

Ⓒ 就看到儲存的向量圖囉！

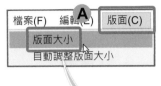

延伸製作 - 繪製身體

1 先把版面調大一點，不然身體擺不下喔！

A 按【版面 / 版面大小】

B 高度更改例如為 640、定位 (原版面位置) 點選居中置上

C 按【OK】

2 再使用本課學到的技巧，就可畫出身體囉！

用【直線】工具，就可畫出尾巴喔！

最後1點，回到第1個點上，點一下，即可封閉線段，變成圖案

▶ 延伸應用

完成的作品，你還可以這樣應用：

班徽

個性圖章

卡片

 練功囉

( )①　圖案放大依然清晰，是哪一種類型的圖？

　　　1.點陣圖　　　　　2.繪圖　　　　　3.向量圖

( )②　適合繪製卡通圖案的影像類型是？

　　　1.點陣圖　　　　　2.向量圖　　　　　3.點點圖

( )③　下面哪一個工具是【貝塞爾曲線】？

　　　1.　　　　　2.　　　　　3.

( )④　用下面哪一個工具可拖曳調整圖案的節點與控點？

　　　1.　　　　　2.　　　　　3.

 練功囉

熟能生巧，多加練習就可畫出超多可愛的卡通圖案喔！挑戰一下吧！

示範參考

64

4 專屬公仔與個性圖章

- 影像去背與合成

Fight !

李小明

本 課 重 點

◎ 認識影像合成

◎ 公仔組合 - 去背與合成

◎ 學會使用向量圖庫

◎ 學會加入文字

統 整 課 程

英語文　藝術

什麼是影像合成

【影像合成】，就是把兩個以上的影像組合起來，變成一個新的影像。發揮想像力與創意，就可以做出很多超有趣的作品喔！例如：

學會【去背】是關鍵！

2 影像去背

【去背】就是去除不要的背景、擷取想要的影像。而擷取影像要搭配哪些工具,有以下幾種模式:

形狀區域擷取

適用擷取局部區塊

魔術棒擷取

適用單純背景去背

套索擷取

適用複雜背景去背

▶ 用魔術棒去背

讓我們將一張公仔照片的背景去除,儲存成透明背景的【PNG】格式檔、當作個人公仔的身體來使用!

 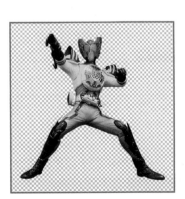

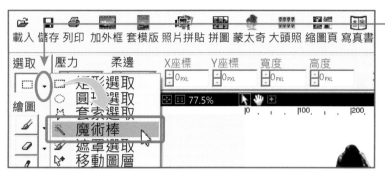

1

載入【範例 / 04 / 公仔.png】
後，按 □ 旁的 ▾，點選
【魔術棒】工具

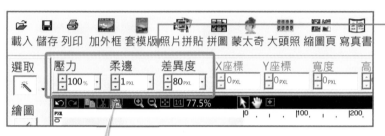

2

壓力、柔邊與差異度設定
如圖示

然後到公仔的背景、有顏
色的地方上點一下，選取
背景

小提示

【差異度】就是選取相近
顏色的嚴格度。數值越大
越不嚴格，選取的相近色
越多。

【柔邊】則可避免選取的
邊緣太銳利，顯得柔和。

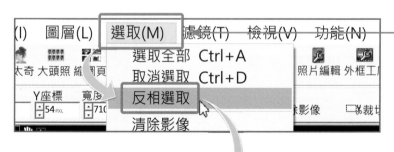

3

按【選取 / 反相選取】後
，按【清除影像】

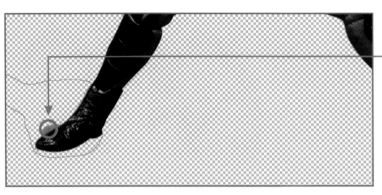

④

放大顯示影像，到圖示左邊腳旁、點選沒去乾淨的顏色，再按【清除影像】

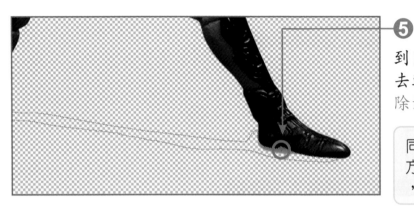

⑤

到圖示右邊腳旁、點選沒去乾淨的顏色，再按【清除影像】

> 同學可以檢查一下其他地方，如果還有沒去乾淨的，也都把它們去除吧！

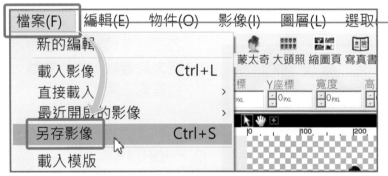

⑥

按【檔案 / 另存影像】

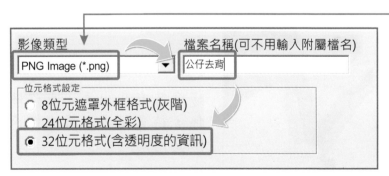

⑦

儲存成透明的PNG格式檔案
(命名：公仔去背)

▶ 用套索去背

碰到背景色較複雜的照片,【魔術棒】就不好用了!改用【套索】來擷取大頭照的頭部吧!

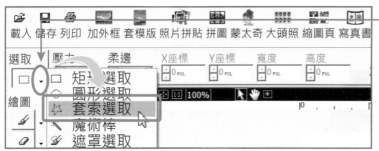

①

載入【範例/04/男生.png】後,按 ▢ 旁的 ▾,點選 🔀【套索選取】工具

②

先完整顯示整張照片,然後壓力、柔邊設定如圖示

接著按住左鍵不放,細心、慢慢地把頭部選取起來

> 盡量貼齊邊緣圈選。
> 若不好準確貼齊,寧可略大於邊緣,而不要圈到裡面去喔!

☀ 小 提 示

> 若圈選得不滿意,可按 Ctrl + Z 復原後重新圈選。

③

邊緣若有凸出去,也沒關係,待會兒再用橡皮擦來修整

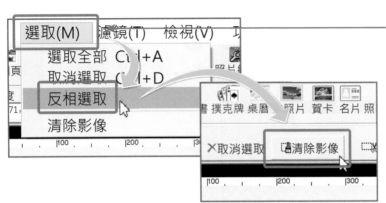

4

圈選完成，按【選取/反相選取】後，按【清除影像】

▶ 用橡皮擦修整邊緣

1

放大顯示影像，發現邊緣不平整或凸出去時

按 ⬜【橡皮擦】工具，設定如圖示

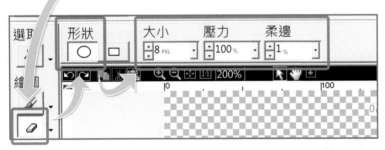

不小心擦除太多，就按 Ctrl + Z 重來一次吧！

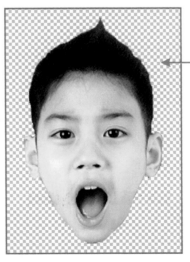

2

細心、慢慢的擦除與修整邊緣

在較窄小的地方，可更改為較小的橡皮擦，來進行擦除(修整)。

 ⇨

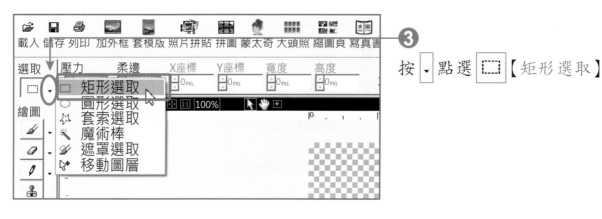

③ 按 ⌄ 點選 ▢ 【矩形選取】

④ 盡量貼齊邊緣,框選整個頭部影像

💡 小提示

將來匯入影像使用時,會以整個版面大小來匯入,所以先裁切出適當大小,以後匯入時才不會太大。

⑤ 按【裁切】

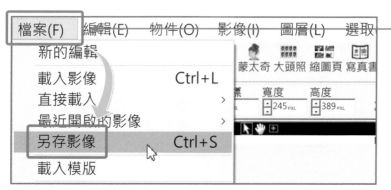

⑥ 按【檔案/另存影像】,儲存成透明的PNG格式檔案(命名:男生去背)

組合成專屬公仔

身體與頭部去背完成了！
將它們組合在一起，變成
獨一無二的個人公仔吧！

▶ 新增空白透明檔案

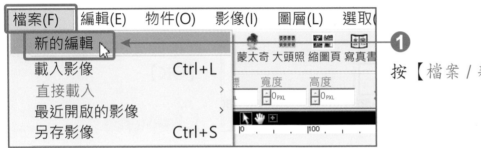

❶
按【檔案 / 新的編輯】

❷
做以下設定，新增一份透明背景的檔案

Ⓐ 點選【自訂尺寸】

Ⓑ 寬度輸入【800】、高度輸入【900】、解析度輸入【300】

Ⓒ 不透明度輸入【0】

Ⓓ 按【OK】

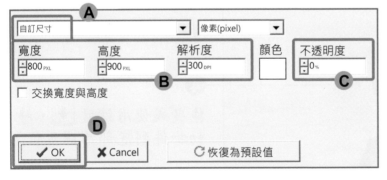

▶ 匯入影像物件

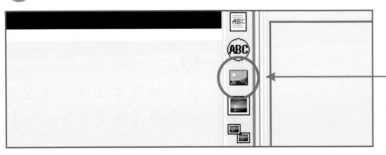

❶
按 【影像物件】

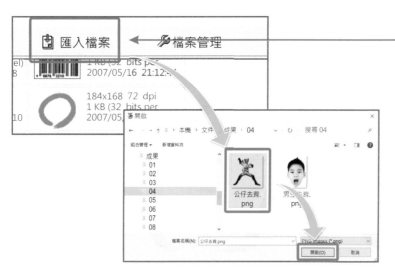

❷

按【匯入檔案】

點選第 2 節完成的【公仔
去背.png】，按【開啟】

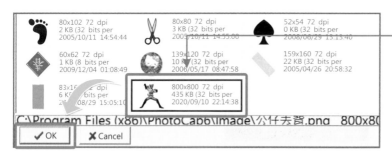

❸

點選匯入的影像，然後按
【OK】

🔅 小提示

將影像匯入到【影像物件
】圖庫中，以後就可以隨
時取用喔！

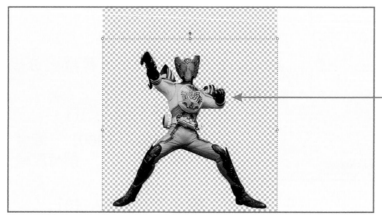

❹

拖曳或使用鍵盤 ⬇️，移
動物件到底部約圖示位置

❺

使用相同方法匯入第 2 節
完成的【男生去背.png】

▶ 不等比例縮放與旋轉

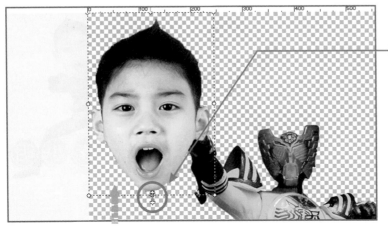

❶

先按住 Shift，再按住下方中央的控點，稍微往上拖曳到約如圖示大小 (不等比例壓扁影像)

💡 小提示

以整體構圖來說，這張頭部顯得有點長，所以讓我們將它壓扁一點。

❷

向下拖曳移動一下頭部影像，接著按住 ●，向右下方拖曳，旋轉約 (10)

❸

拖曳頭部到圖示位置，公仔就組合完成囉！

按【檔案/另存影像】，命名為【我的公仔】儲存起來吧！

(.pcl工作檔，與.png透明檔案各儲存一份)

變成個性圖章

現在你已經有了個人專屬公仔囉！
可以應用到哪裡呢？讓我們試著將
它變成一個【個性圖章】吧！

▶ **新增檔案與加入圓形向量圖**

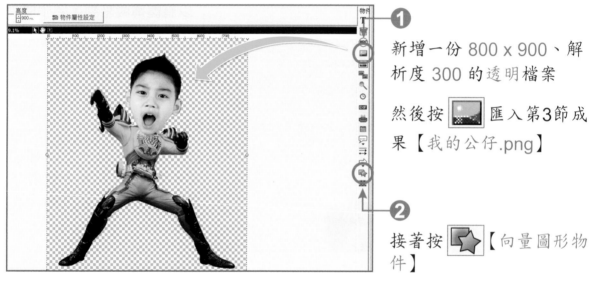

①

新增一份 800 x 900、解析度 300 的透明檔案

然後按 匯入第3節成果【我的公仔.png】

②

接著按 【向量圖形物件】

③

點選圖示圓形，按【OK】

④

拖曳角落控點，放大圓形並拖曳到圖示位置

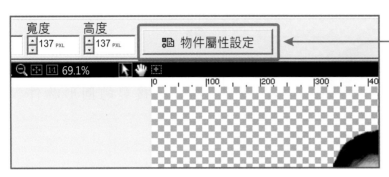

保持圓形被選取狀態，按
【物件屬性設定】(或直接
點兩下圓形物件)

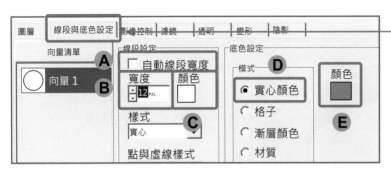

按【線段與底色設定】，
設定：

Ⓐ 取消勾選【自動線段寬度】

Ⓑ 線段寬度設為【12】

Ⓒ 線段顏色設為 ▢

Ⓓ 底色設定點選【實心顏色】

Ⓔ 底色顏色設為 ◼

按【陰影】，設定：

Ⓐ 勾選【開啟陰影】

Ⓑ 設定參數與顏色如圖示

Ⓒ 按【OK】

▶ 複製與貼上

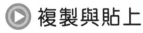

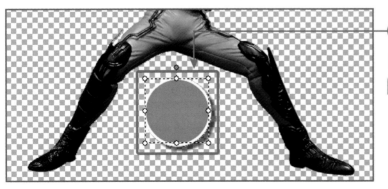

點選圓形物件，然後按
[Ctrl] + [C] 複製

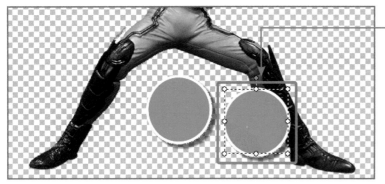

按 Ctrl + V 貼上後,拖曳移開複製的圓形物件

再複製一個圓形物件,拖曳到約圖示位置

▶ 對齊與分佈

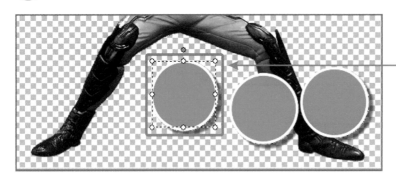

先點選左邊圓形

再按住 Shift ,循序點選中間、右邊圓形

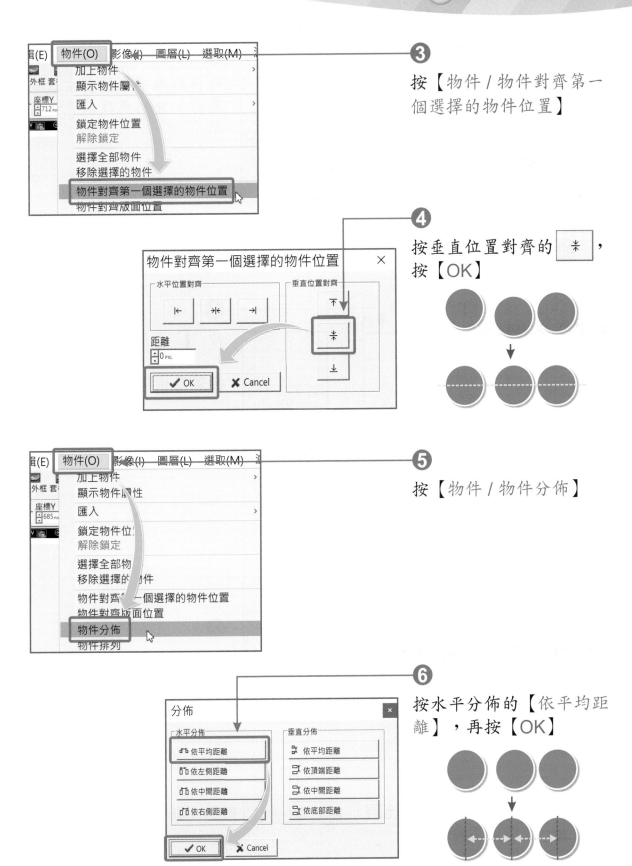

3

按【物件 / 物件對齊第一個選擇的物件位置】

4

按垂直位置對齊的 ※ ，按【OK】

5

按【物件 / 物件分佈】

6

按水平分佈的【依平均距離】，再按【OK】

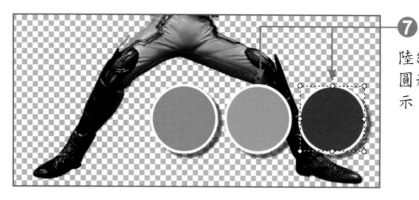

❼ 陸續點兩下中間與右邊的
圓形,分別更改底色如圖
示

▶ 加入文字

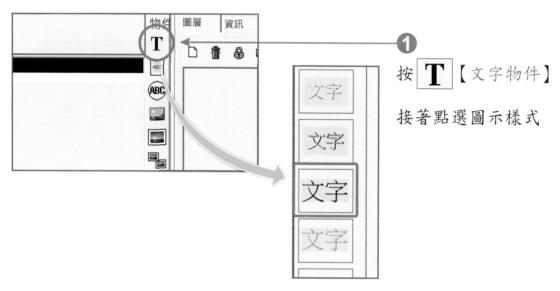

❶ 按 T【文字物件】

接著點選圖示樣式

❷ 按【物件屬性設定】

老師說

匯入的任何物件,只要有出現 🔲 物件屬性設定 按鈕,就可以按一下它,
做進一步的設定喔!

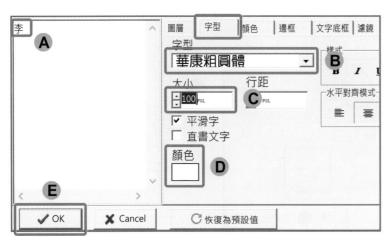

3

在【字型】標籤下，設定

Ⓐ 文字內容輸入【李】

Ⓑ 字型點選【華康粗圓體】
或你喜歡的字型

Ⓒ 大小輸入【100】

Ⓓ 顏色設為 ☐

Ⓔ 按【OK】

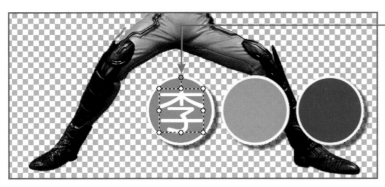

4

拖曳文字物件到左邊圓形
上，盡量讓它位於正中間

💡 小提示

這時候文字若太大或太小
，還可以拖曳角落控點來
縮放喔！

5

接著用複製貼上的技巧，
完成其他兩個文字的製作
吧！

貼上後，點兩下文字物件
，就可以在【字型】標籤
下更改文字內容。

老師說

在網路上也有許多免費的自由字型，可以下載、安裝使用喔！
(本書光碟選單的【軟體下載】選項中，有提供快速連結。)

▶ 加入對話框

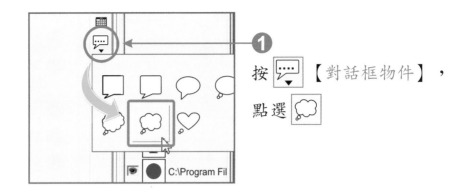

① 按 【對話框物件】，
點選 ☁

② 放大並拖曳對話框物件到
圖示位置

③ 拖曳◇到圖示位置

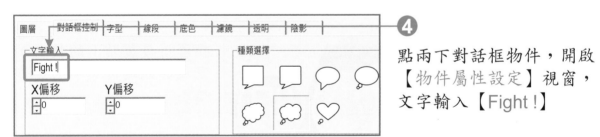

圖層　對話框控制　字型　線段　底色　濾鏡　透明　陰影

文字輸入
Fight！

X偏移　　　Y偏移
0　　　　　0

種類選擇

④ 點兩下對話框物件，開啟
【物件屬性設定】視窗，
文字輸入【Fight！】

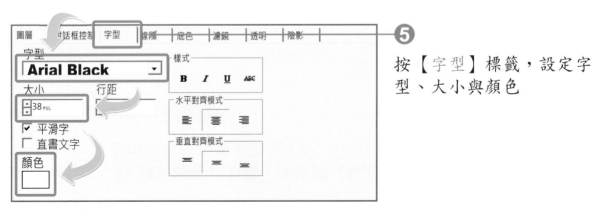

圖層　對話框控制　字型　線段　底色　濾鏡　透明　陰影

字型
Arial Black

大小　　　行距
38 PXL

☑ 平滑字
☐ 直書文字

顏色

樣式
B　I　U　ABC

水平對齊模式

垂直對齊模式

⑤ 按【字型】標籤，設定字
型、大小與顏色

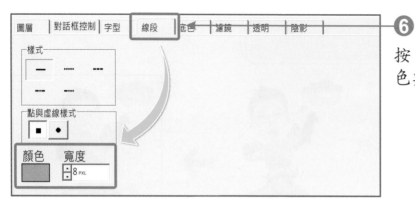

按【線段】標籤，設定顏色與寬度

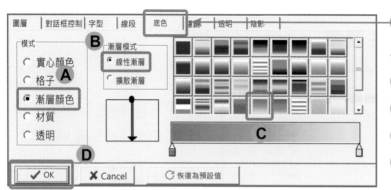

按【底色】標籤，設定：

A 點選【漸層顏色】

B 點選【線性漸層】

C 點選

D 按【OK】

8

個性圖章完成囉！

命名為【我的個性圖章】，將成果儲存起來吧！

(.pcl與.png)

5 變成貼紙

延伸個性圖章，加上底圖、
裝飾圖案，就可以變成貼紙
喔！趕快來試試！

▶ 新增檔案與匯入個性圖章

① 新增一份 800 x 900、解
析度 300 的不透明檔案

然後按 ⬚ 匯入第4節成
果【我的個性圖章.png】

② 點選【底層】圖層

▶ 在底層填入圖樣

① 按 🪣【油漆桶】工具，
勾選【使用圖樣】

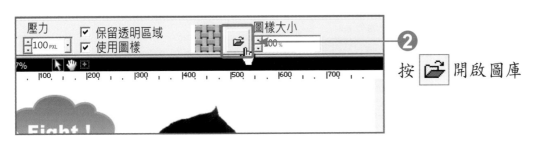

按 開啟圖庫

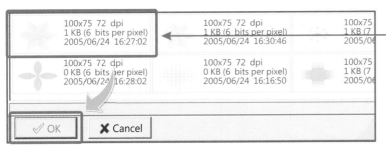

點選圖示圖樣，按【OK】

到【圖樣大小】欄，可以自訂填入圖樣的大小：

到白色背景上點一下，就可以填入圖樣囉！

▶ 加入複製橡皮章

按 【複製橡皮章】工具，再按

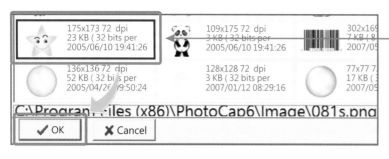

2

點選圖示圖案，按【OK】

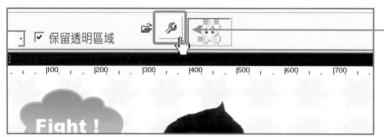

3

按 🔧 (影像進階設定)

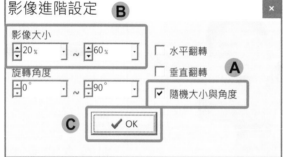

4

接著設定：

A 勾選【隨機大小與角度】

B 影像大小設定為【20%】
　　~【60%】

C 按【OK】

5

用點一下的方式，陸續點出大大小小不同的圖案，約如圖示排列

這張個人專屬的貼紙就完成囉！記得要存檔喔！(.pcl與.png)

點一下後，若不滿意大小或位置，可按 Ctrl + Z ，重新再點喔！

▶ 公仔應用示範

個人公仔除了可以變成個性圖章、貼紙外，還可以有很多應用喔！

桌布

卡片

公告

進階練習圖庫 造型印章、貼圖與公仔素材

本書光碟【進階練習圖庫】資料夾中，有很多【造型印章】、【貼圖】、【公仔素材】提供給你運用喔！

( ) **1** 色彩單純的影像背景，用哪個工具去背最快速？

　　1.矩形選取　　　　2.魔術棒　　　　3.套索選取

( ) **2** 色彩複雜的影像背景，用哪個工具去背較適合？

　　1.矩形選取　　　　2.魔術棒　　　　3.套索選取

( ) **3** 按哪個按鈕，可以匯入影像物件？

　　1. T　　　　　　2. 🖼　　　　　　3. ⭐

( ) **4** 想在底層上加入隨機大小的圖案，可用哪個工具？

　　1. 🎮　　　　　　2. ✏　　　　　　3. 🖐

My name is Amy

王小華

找一張自己的大頭照，將背景去除，再挑選本書【進階練習圖庫】裡的公仔素材，來製作個人的公仔，並完成你的專屬個性圖章吧！

示範參考

若沒有照片，也可使用公仔素材中的大頭照來練習喔！

5 海報設計大賽

- 套用模版與進階文字製作

海報設計

環保愛地球

垃圾分三類，回收好OK

一般垃圾請丟垃圾車
資源回收物放入回收車
廚餘請倒廚餘桶

元氣一班

創刊號

趣味競賽特別報導
學校活動公佈欄
班級風雲人物訪

班刊封面

Show Me

創刊號

獨家收錄
閃亮巨星 蔡伊琍
專屬寫真秀

寫真集封面

本 課 重 點

◎ 了解海報設計概念

◎ 模版套用 - 照片模版

◎ 進階文字製作

統 整 課 程

國 語 文   藝 術

1 海報設計的重要原則

海報設計，只要把握以下幾個原則，就可以做出不錯的作品喔！這一課，讓我們來練習設計一張【環保愛地球】的宣導海報吧！

主標題(海報名稱)

明確的標題，要大、清楚、明顯。

副標題

搭配主題的補充說明或刊物編號，可以是純文字，也可以是圖文標誌

底圖(照片)

也稱為【主視覺】，要挑選符合主題的圖片或照片。

內容提要

內容的簡短提要文字，以整齊排列為佳。

封面設計也適用嗎？

適用的範圍超級廣！

把握以上原則，不僅適用於海報設計，也可以運用到其他刊物設計，例如：班刊、報告、特輯、寫真集...的封面喔！

2 套用模版

PhotoCap 有很多現成的【模版】，可迅速套用到圖片或照片上。藉由套用與編修，就可以快速設計出超多作品喔！

▶ 套用照片模版

1

載入【範例/05/資源回收-底圖.png】，按 套模版 【套模版】

2

接著設定：

A 點選【照片模版】

B 點選【time.pct】模版

C 調整照片顯示大小與位置

D 勾選【回PhotoCap主畫面時將套上模版的結果物件化】

E 按【OK】

▶ 刪除不需要的圖層

模版上的每個物件都以獨立的圖層存在，所以我們可以依需要進行刪減與修改。

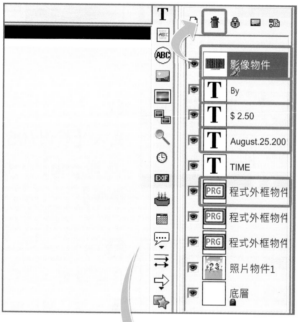

1

用點選圖層，再按 🗑 的方法，陸續刪除左圖紅框內的圖層，只留下想要的物件

你確定要刪除選擇的物件嗎？

是(Y)　　否(N)

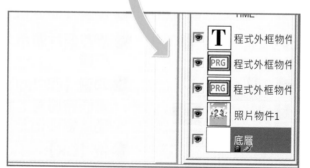

💡 **小 提 示**

按一下 👁，就可以顯示或隱藏該圖層喔！

5 海報設計大賽

 美化版面

模版所提供的物件，雖然方便，但都是制式的；讓我們運用自己的創意與美感，稍微修改一下，感覺就不一樣囉！

▶ **設定照片形狀**

方方正正的照片，感覺有點普通嗎？改一下形狀吧！

可以改形狀，真是太棒了！

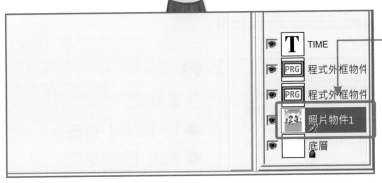

1 點兩下【照片物件1】圖層，開啟物件屬性設定視窗

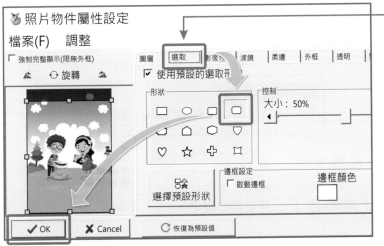

2 在【選取】標籤下，點選喜歡的形狀，按【OK】

93

▶ 設定邊框色彩

底圖這麼色彩繽紛，框框當然也要有一樣的感覺囉！

來把稍顯沉重的紅色換成彩色漸層吧！

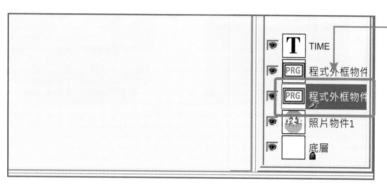

1

點兩下圖示圖層 (程式外框物件)，開啟物件屬性設定視窗

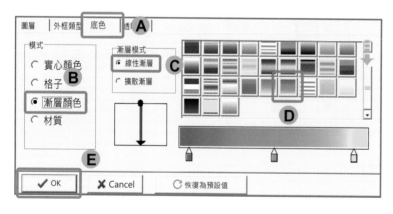

2

接著設定：

Ⓐ 按【底色】標籤

Ⓑ 點選【漸層顏色】

Ⓒ 點選【線性漸層】

Ⓓ 點選 ▨ 樣式

Ⓔ 按【OK】

 老師說

 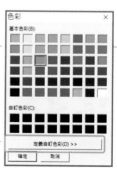

自訂漸層色彩

點兩下漸層色軸下方的小色塊，
即可自訂想要的顏色。
(自訂實心顏色，也是依此原則喔！)

按【定義自訂色彩】
可更自由設定

④ 編修主標題 (海報名稱)

用模版上現成的文字物件，修改一下內容與設定，就可以變成想要的海報名稱囉！趕快來做！

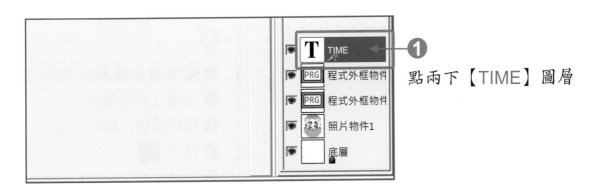

TIME → 環保愛地球

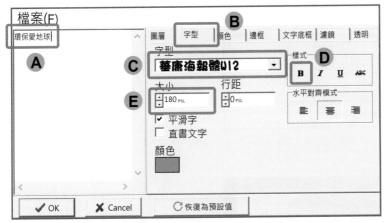

1 點兩下【TIME】圖層

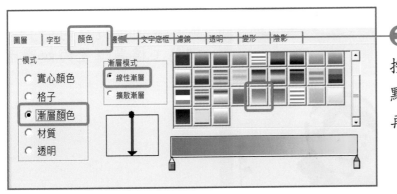

2

接著設定：

Ⓐ 輸入【環保愛地球】

Ⓑ 按【字型】標籤

Ⓒ 選擇【華康海報體W12】或類似的字型

Ⓓ B ⇨ B 取消粗體

Ⓔ 大小【180】

3

按【顏色】標籤、
點選漸層顏色、線性漸層
再選擇 ▨

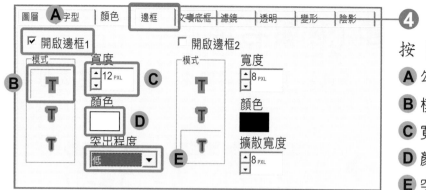

按【邊框】標籤，設定：
Ⓐ 勾選【開啟邊框1】
Ⓑ 模式 T
Ⓒ 寬度【12】
Ⓓ 顏色 ☐
Ⓔ 突出程度【低】

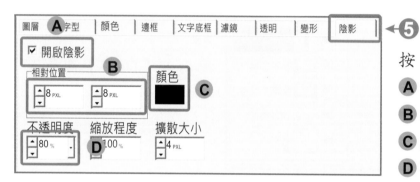

按【陰影】標籤，設定：
Ⓐ 勾選【開啟陰影】
Ⓑ 相對位置都輸入【8】
Ⓒ 顏色 ■
Ⓓ 不透明度【80%】

最後按【OK】

拖曳或使用鍵盤的 ⬇ ，
調整主標題位置約如圖示

5 編修副標題 (圖文標誌)

【副標題】用圖文的方式來表現，可以更凸顯它的重要性！但也不宜過於複雜、華麗，以免不易閱讀、喧賓奪主喔！

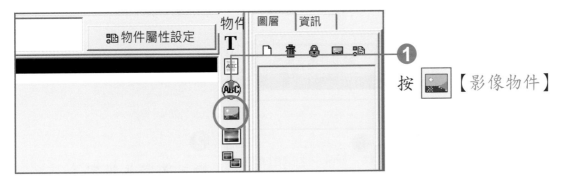

▶ 加入資源回收圖案

① 按 【影像物件】

② 按【匯入檔案】、匯入【資源回收logo.png】

然後點選它，按【OK】

③ 拖曳角落控點縮小標誌，然後拖曳到約圖示位置

▶ 製作副標題文字

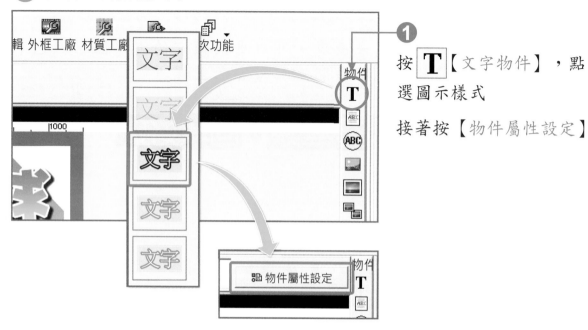

① 按 **T**【文字物件】，點選圖示樣式

接著按【物件屬性設定】

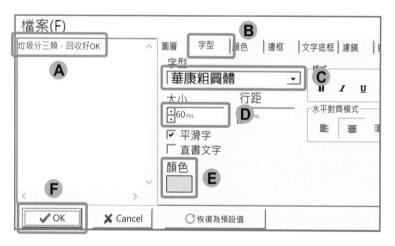

② 輸入文字並設定：

Ⓐ 文字輸入【垃圾分三類，回收好OK】

Ⓑ 按【字型】標籤

Ⓒ 字型【華康粗圓體】

Ⓓ 大小【60】

Ⓔ 顏色 ☐

Ⓕ 按【OK】

③ 拖曳標誌與文字，安排位置如圖示

6 製作宣導內容

接著讓我們製作海報的宣導內容。而內容通常不會只有一個，為了讓它們整齊好閱讀，做一下【對齊】與【分佈】很重要喔！

一般垃圾請丟垃圾車
資源回收物放入回收車
廚餘請倒廚餘桶

▶ 製作文字與對齊版面位置

1

使用加入文字物件技巧，在約圖示位置，製作一個內容提要文字

內容：一般垃圾請丟垃圾車

字型：華康粗圓體

大小：50

顏色：■

邊框模式：T

邊框寬度：8

邊框顏色：□

開啟陰影：☑

相對位置 6

| 編輯(E) | 物件(O) | 影像(I) | 圖層(L) | 選取(M) | 濾鏡 |

加上物件 >
顯示物件屬性
匯入 >
鎖定物件位置
解除鎖定
選擇全部物件
移除選擇的物件
物件對齊第一個選擇的物件位置
物件對齊版面位置
物件分佈

2

按【物件／物件對齊版面位置】

💡 小提示

這裡的【版面】指的就是【底層】圖層。

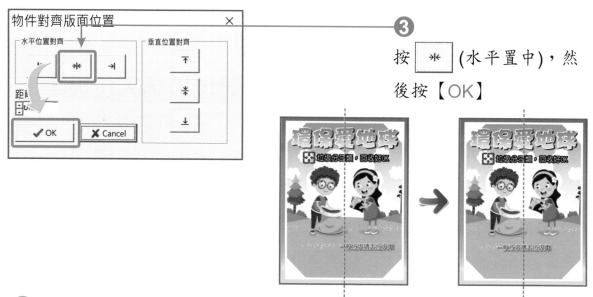

❸

按 ⁕ (水平置中)，然
後按【OK】

▶ 複製、貼上與修改

還記得在第 4 課我們練習了複製貼上向量物件嗎？同樣的技巧，也適
用於文字物件喔！

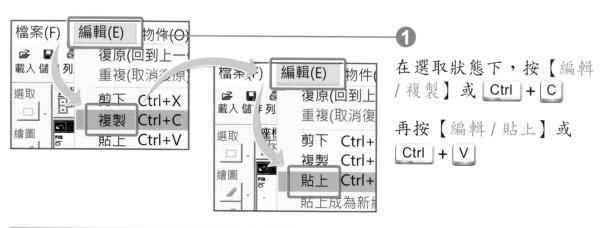

❶

在選取狀態下，按【編輯
/ 複製】或 [Ctrl] + [C]

再按【編輯 / 貼上】或
[Ctrl] + [V]

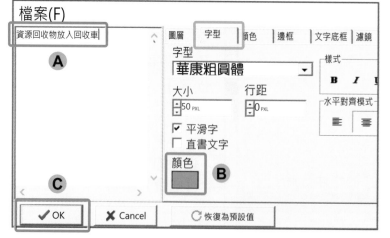

❷

按【物件屬性設定】後，
在【字型】標籤下修改：

Ⓐ 文字內容：資源回收物
　 放入回收車

Ⓑ 顏色：

Ⓒ 按【OK】

拖曳到圖示位置

小提示

移動位置時,大約安排一下兩串文字的距離,稍後再做精確的間距設定。

使用複製、貼上與修改的技巧,製作出第 3 個宣導內容

▶ 文字靠左對齊與平均分佈

條列式的文字內容,讓它們對齊與平均分佈,就會更容易閱讀喔!

先點選 Ⓐ 第1個文字物件,再按住 Ctrl ,陸續點選 Ⓑ 另外 2 個文字物件

接著按【物件／物件對齊第一個選擇的物件位置】

按 ← 【向左對齊】,再按【OK】

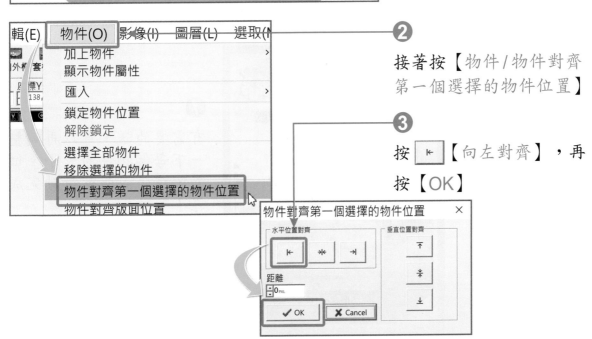

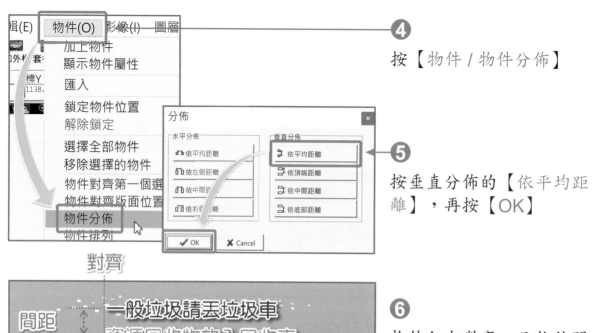

❹

按【物件 / 物件分佈】

❺

按垂直分佈的【依平均距離】，再按【OK】

對齊

間距
間距

一般垃圾請丟垃圾車
資源回收物放入回收車
廚餘請倒廚餘桶

❻

物件向左對齊、且物件間的垂直(上下)間距都一樣

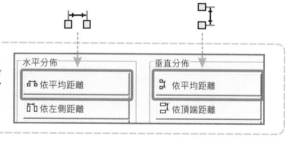

物件分佈最常用的是依平均距離來做水平或垂直分佈。

❼

有需要的話，可以再調整一下每個物件的大小、位置，這張海報就設計完成囉！

記得要存檔喔！
(.pcl與.png)

使用本課學到的技巧，除了海報，也可以多元方向思考創作出很多漂亮的【封面】，例如：班刊、報告、專刊、特輯...等等！

懂更多　加入 QR Code

科技發達的現代，在海報、刊物封面(或封底)上，常常會看到【QR Code】。用手機掃描一下，就可以看到更多資訊。如果有需要的話，也可以將它編輯到你的作品上喔！如何取得與加入 QR Code，請參考教學影片。

網路上有許多工具或網站，就可簡單的自己製作、取得 QR Code 圖片！

(輸入關鍵字【QR Code 產生器】搜尋)

（　）1 下面哪個不是封面設計的構圖要件之一？

　　　1. 主標題　　　　　　2. 內容提要　　　　3. 邊框

（　）2 想套用現成的封面模版，要按？

　　　1. 加外框　　　　　　2. 套模版　　　　　3. 寫真書

（　）3 想挑選封面模版，要點選？

　　　1. 照片模版　　　　　2. 大頭照模版　　　3. 縮圖頁模版

（　）4 想加入文字物件，要按？

　　　1. T　　　　　　　　2. ▦　　　　　　　3. ★

示範參考

使用本課【範例 / 05 / 練功囉】裡的檔案，套用封面模版，設計一張班刊的封面吧！

有時間可用自己的照片，再挑戰一張寫真集封面喔！

6 生活剪影萬花筒

- 仿製影像與套用/自製外框

仿製影像

自製外框

套用外框

本 課 重 點

◎ 認識各類外框模版

◎ 仿製筆刷的使用

◎ 加外框 - 套用各類外框

◎ 學會自製外框

統 整 課 程

綜 合　藝 術

1 超好用的外框模版

PhotoCap 還有很多【外框】模版，讓你套用在照片上！不管是單張或多張照片，選一選、點一點，影像就會變得更精緻、漂亮！

▶ PhotoCap 的外框種類

圖面外框

遮罩外框

多圖外框

套用外框，影像更漂亮！

學會自製外框，更厲害！

▶ 安裝素材包

在本書光碟選單的【軟體下載】項目下，點選素材包的連結，就可以下載、安裝超多模版圖庫喔！

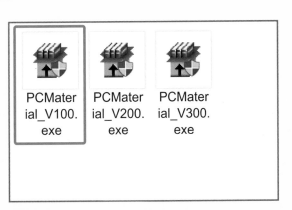

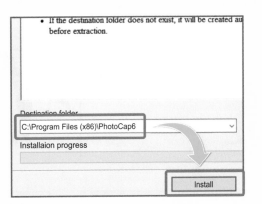

1 開啟儲存安裝檔的資料夾，點兩下 安裝檔。

2 安裝路徑應該是【C:\Program Files (x86)\PhotoCap6】。若不是，請更改成上述路徑，然後按【Install】(安裝)。

3 安裝完成，若出現此視窗，直接按【關閉】。

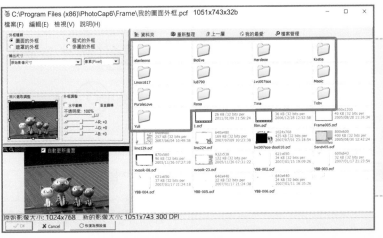

以【加外框】為例，在套用時，圖庫中所出現的資料夾，就是額外安裝的素材包模版；點開後即可點選裡面的模版來套用！

2 用仿製筆刷變魔術

用【仿製筆刷】可以【複製影像】、讓影像少變多或將不要的影像遮蓋掉！超神奇！

複製影像
一隻企鵝好寂寞，幫牠找同伴吧！

遮蓋不要的影像
沙灘上有垃圾！讓我們來淨灘吧！

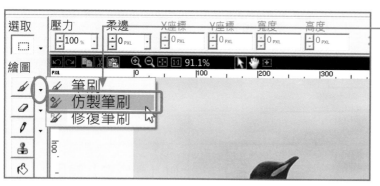

❶

載入【範例/06/仿製筆刷/企鵝.jpg】

按 旁的下拉方塊，

點選 【仿製筆刷】

(游標變 ◎)

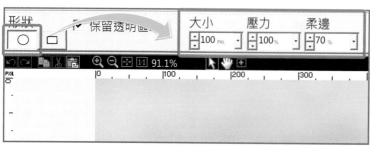

❷

設定如圖示

> 依不同影像，會需要設定不同的數值。

3

按住 Shift (游標變十)，到企鵝身體約圖示位置點一下，設定仿製的起點，然後放開 Shift 鍵

小提示

點哪裡，就會從那裡開始仿製影像。

4

到圖示位置(大約與起點平行高度)

然後按住左鍵不放，慢慢移動游標，即可仿製影像過來(整隻企鵝)

真是太神奇了！

❺
使用 ❸ ~ ❹ 的技巧,仿製產生第3隻企鵝吧!

完成後,按 ⬚ ,即可離開仿製狀態

記得要另存影像,將成果儲存起來喔!

如何遮蓋不要的影像,可參考本課教學影片。

 影像加油站 進階仿製技巧

當影像上有明顯的分隔線,例如地平線、地板...,仿製時很容易讓影像產生錯位!參考以下的例子來解決這個問題吧!

❶

在靠近樹的分隔線上,設定仿製起點 (選仿製筆刷、按住 Shift ,然後點一下)

❷

游標移到旁邊的分隔線上

❸

動作不要太大、慢慢、小心地塗抹,就可不造成錯位、正確仿製!

③ 套用【圖面外框】

【圖面外框】是針對單張
照片設計的模版，套用方
法超簡單，快來試試看！

貓狗也可以是好朋友

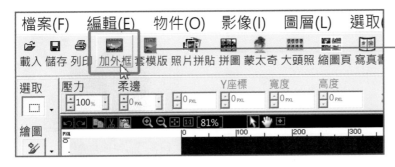

❶
載入【範例 / 06 / 圖面外
框 / 貓咪.jpg】，按
【加外框】

❷
點選【圖面的外框】、輸出尺寸點選【原始影像尺寸】、點選圖示
樣式 (lyc-007sos-dog010.pcf)、按【OK】

在此可看到點選的外框
模版名稱。

從這裡可開啟資料夾，
選擇外部的外框模版來
使用。

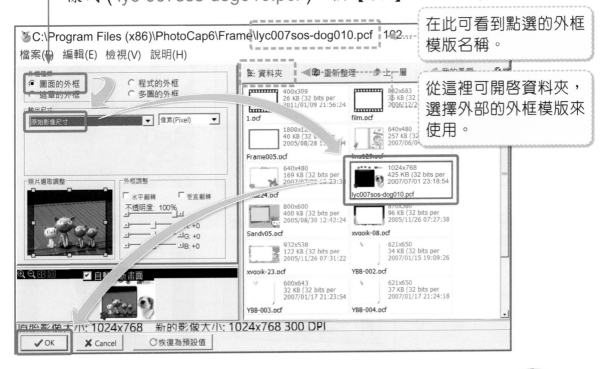

❸

記得另存影像，將成果儲存起來喔！

好可愛！

▶ 圖面外框應用示範

4 套用【遮罩外框】

【遮罩外框】就像是一層透明度深淺不一的薄膜；覆蓋到照片上，就會呈現不同程度的白色透明效果喔！

為最喜歡的動物加溫馨相框

① 載入【範例 / 06 / 遮罩外框 / 斑馬.jpg】，按 ![加外框] 【加外框】

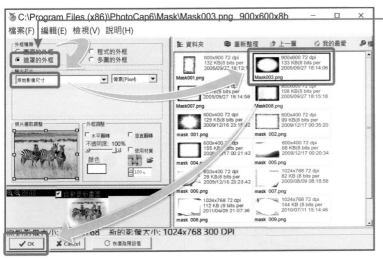

② 點選【遮罩的外框】

輸出尺寸點選【原始影像尺寸】

點選圖示樣式(Mask003.png)

按【OK】

3

記得另存影像,將成果儲
存起來喔!

好溫馨!

▶ 遮罩外框應用示範

5 套用【多圖外框】

【多圖外框】可以在同一張影像上展示多張照片、而且還會加上漂亮的外框與形狀喔！

好麻吉點點名

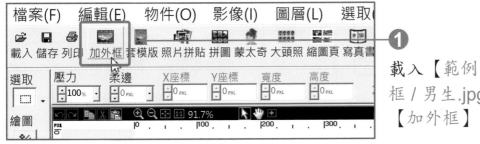

載入【範例 / 06 / 多圖外框 / 男生.jpg】，按 加外框 【加外框】

② 點選【多圖的外框】、輸出尺寸點選【原始影像尺寸】、點選圖示樣式 (hsiaoke_multiframe-003.pmf)

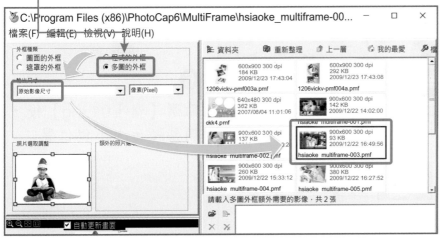

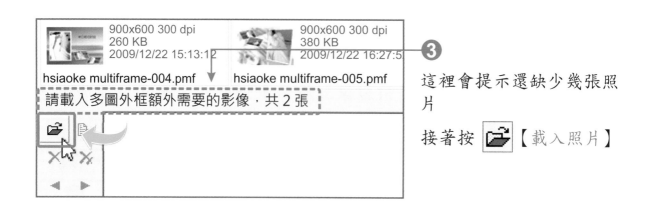

這裡會提示還缺少幾張照片

接著按 🗁【載入照片】

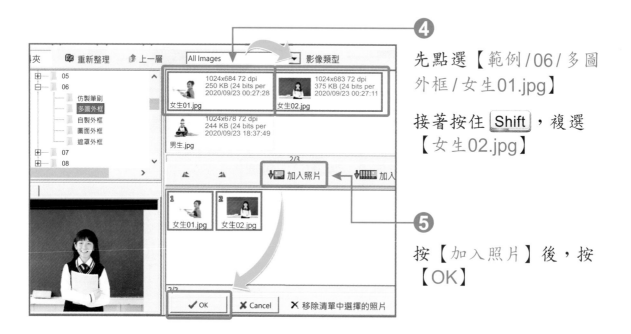

先點選【範例 / 06 / 多圖外框 / 女生01.jpg】

接著按住 Shift，複選【女生02.jpg】

按【加入照片】後，按【OK】

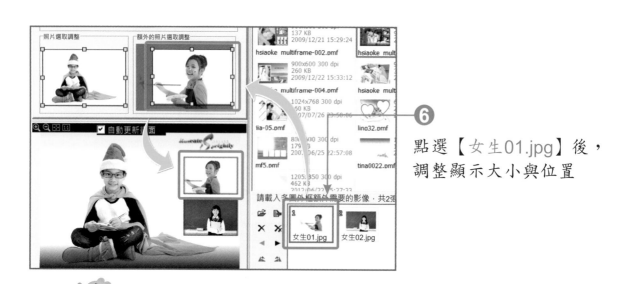

點選【女生01.jpg】後，調整顯示大小與位置

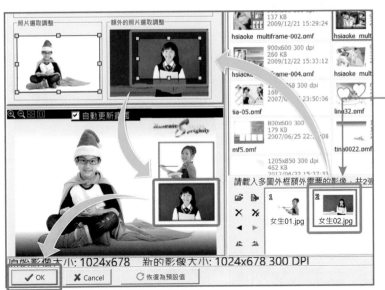

❼

點選【女生02.jpg】後，調整顯示大小與位置

最後按【OK】

❽

記得另存影像，將成果儲存起來喔！

讓多圖組合更精彩！

▶ 多圖外框應用示範

6 自製外框

製作自己專屬的外框其實很簡單！只要先製作一張鏤空的圖片，再藉由【外框工廠】儲存起來，就可以囉！

鏤空 (挖洞)

儲存成外框後套用

我的收藏品

▶ 載入底圖與鏤空

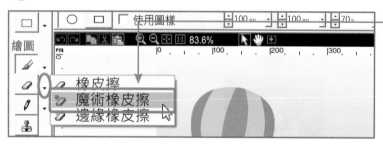

① 載入【範例/06/自製外框/底圖.png】

按 [橡皮擦] 旁的下拉方塊，點選 [魔術橡皮擦]

② 差異度設定【32】

💡 小提示

差異度越小，選色越嚴格

③ 到白色雲形區塊上點一下，將該區域鏤空 (挖洞)

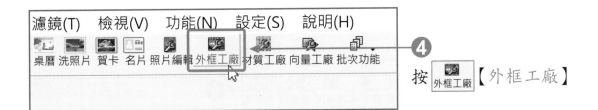

按 外框工廠【外框工廠】

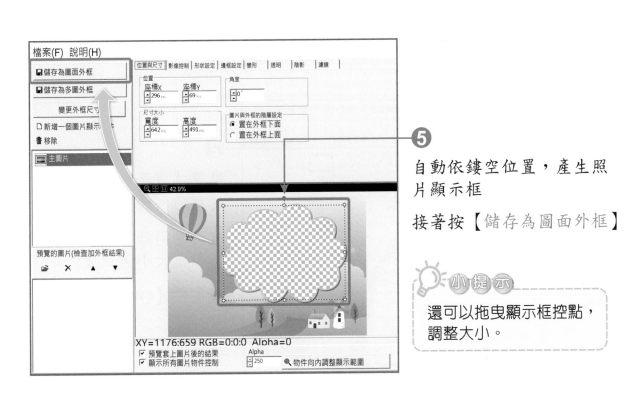

⑤ 自動依鏤空位置，產生照片顯示框

接著按【儲存為圖面外框】

☀ 小提示

還可以拖曳顯示框控點，調整大小。

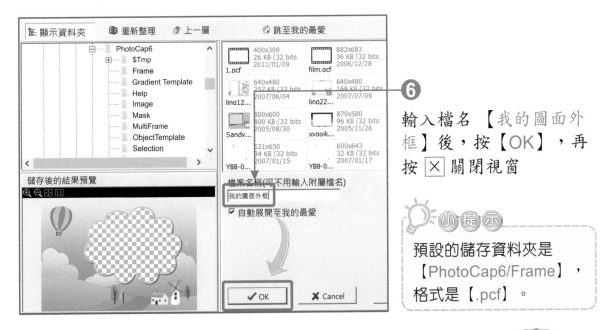

⑥ 輸入檔名【我的圖面外框】後，按【OK】，再按 ⊠ 關閉視窗

☀ 小提示

預設的儲存資料夾是【PhotoCap6/Frame】，格式是【.pcf】。

▶ 套用自製外框

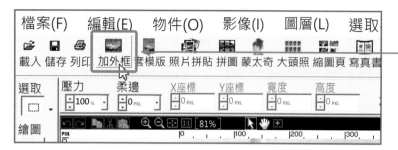

載入【範例 / 06 / 自製外框 / 玩偶.jpg】，按 加外框 【加外框】

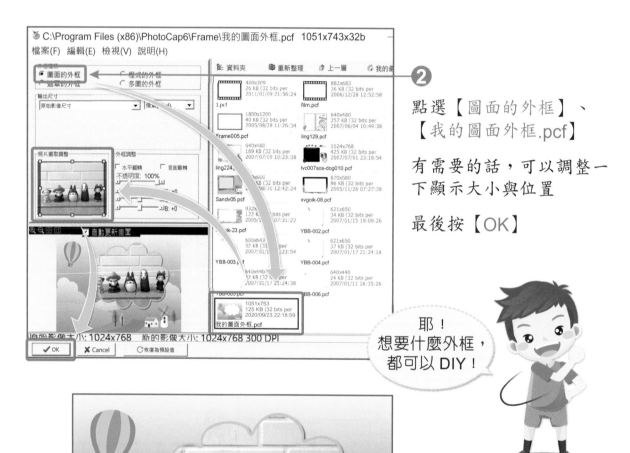

點選【圖面的外框】、【我的圖面外框.pcf】

有需要的話，可以調整一下顯示大小與位置

最後按【OK】

耶！
想要什麼外框，都可以 DIY！

❸

成功套用自製的外框囉！將成果儲存起來吧！

想學怎麼做多圖外框嗎？請參考本課【自製多圖外框】教學影片吧！

進階練習圖庫　外框

本書光碟【進階練習圖庫 / 外框】資料夾中，有很多【圖面外框】、
【多圖外框】提供你練習喔！

【圖面外框】檔案 (或整個資料夾)，放入【PhotoCap6 / Frame】中；
【多圖外框】檔案 (或整個資料夾)，放入【PhotoCap6 / MultiFrame】
中，就能以【加外框】的方法使用。

圖面外框

多圖外框

（　）**1** 用【仿製筆刷】，可以做什麼？

1. 畫圖　　　　　　2. 複製影像　　　　3. 寫字

（　）**2** 下面哪個是【仿製筆刷】？

1. 　　　　2. 　　　　3.

（　）**3** 想套用外框到多張照片上，要點選？

1. 圖面的外框　　　2. 遮罩的外框　　　3. 多圖的外框

（　）**4** 自製外框，必須先在影像上做什麼？

1. 鏤空　　　　　　2. 塗鴉　　　　　　3. 特效

載入本課【範例 / 06 / 練功囉】裡的檔案，用仿製筆刷清除畫面上的雜物，然後再套用一個喜歡的圖面外框吧！

把旁邊的沙灘仿製過來，就可以遮掉垃圾囉！

示範參考

7 一寸光陰一寸金 - 我的月曆

- 套用月曆模版與設計、輸出

封面

單月頁面

2021
我的專屬月曆

2021.12
December

日	一	二	三	四	五	六
			1	2	3	4
5	6	7	8	9	10	11
12	13	14	15	16	17	18
19	20	21	22	23	24	25
26	27	28	29	30	31	

本 課 重 點

◎ 認識與使用月曆模版

◎ 知道符合主題的設計

◎ 學會設定月曆物件

◎ 學會輸出月曆

統 整 課 程

綜 合　藝 術

獨具風格的個人月曆

在文具行或書店都可以買到【月曆】，但不管買哪一個，都可能跟別人用一樣的！想要有自己專屬的月曆嗎？來設計一個吧！

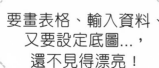

要畫表格、輸入資料、又要設定底圖...，還不見得漂亮！

用 PhotoCap，三兩下就可以設計好獨具風格的個人月曆！

套用月曆模版，可以快速產生封面與 12 個月的頁面。接著我們就可以設計成個人專屬的月曆囉！趕快來做！

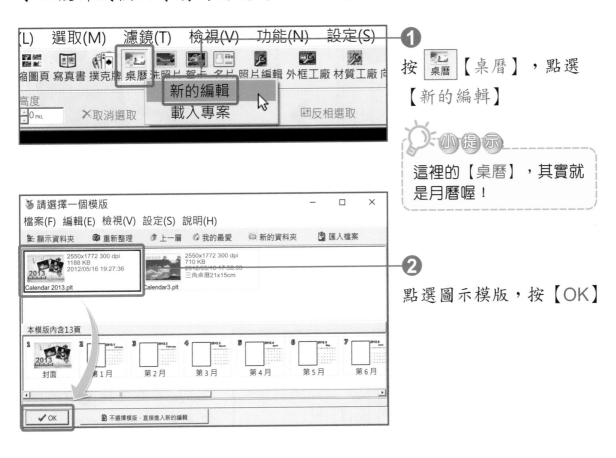

①

按 桌曆【桌曆】，點選【新的編輯】

> **小提示**
>
> 這裡的【桌曆】，其實就是月曆喔！

②

點選圖示模版，按【OK】

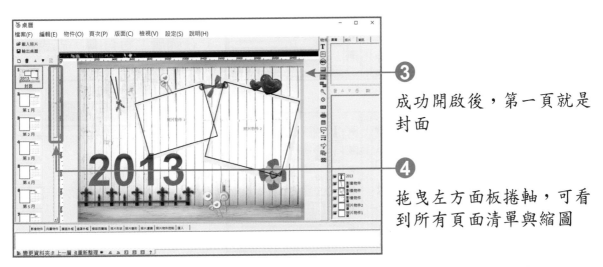

③

成功開啟後，第一頁就是封面

④

拖曳左方面板捲軸，可看到所有頁面清單與縮圖

③ 設計封面

月曆的封面，最好是可以代表該年的氣氛！例如 2021 年是【牛】年，就用牛來代表它！另外再加一張煙火照片，來迎接新年吧！

有牛、有煙火，年味十足！

▶ 解除物件鎖定

為了避免某些物件不小心被刪除或移動，預設會鎖定它的圖層。如果要編輯它，我們就必須解鎖喔！

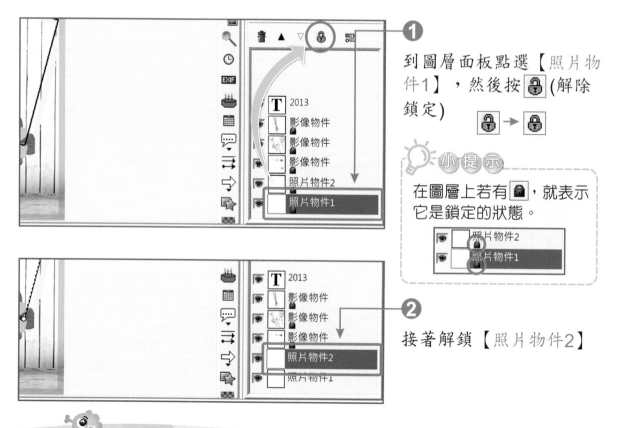

① 到圖層面板點選【照片物件1】，然後按 🔓 (解除鎖定)

小提示

在圖層上若有 🔒，就表示它是鎖定的狀態。

② 接著解鎖【照片物件2】

▶ 加入圖片

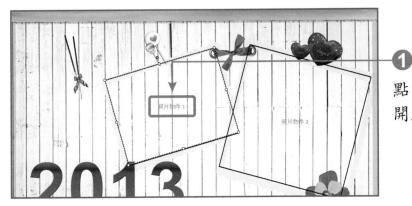

①

點兩下【照片物件1】，
開啟物件屬性設定視窗

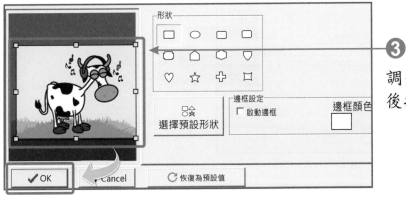

②

按【檔案 / 載入照片】
然後載入【範例 / 07 / 牛
.jpg】

③

調整顯示大小與區域，然
後按【OK】

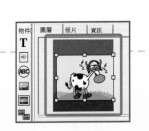

老師說

加入圖片後，在視窗右上方也可以隨時調整大小與
顯示區域喔！

使用一樣的技巧，在【照片物件2】裡匯入【煙火.jpg】

更換版面底圖

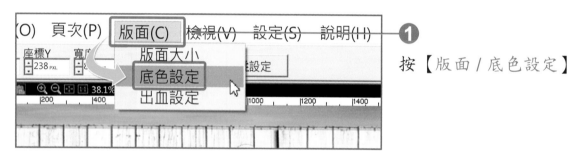

按【版面 / 底色設定】

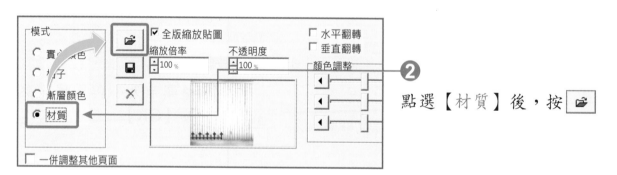

點選【材質】後，按 📁

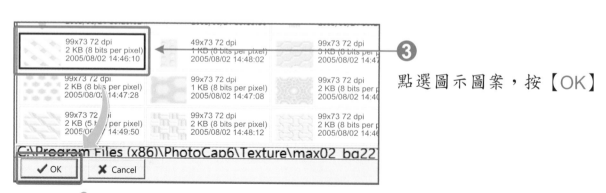

點選圖示圖案，按【OK】

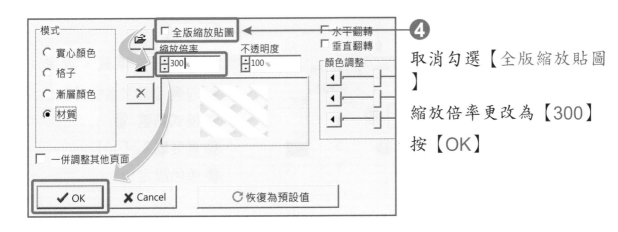

④
取消勾選【全版縮放貼圖】

縮放倍率更改為【300】

按【OK】

▶ 編輯主標題

❶
點兩下年份文字物件，開啟物件屬性設定

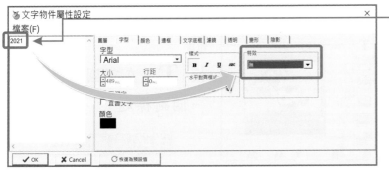

❷
文字更改為【2021】

特效更改為【無】

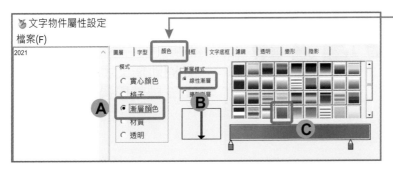

❸
按【顏色】標籤，設定：

Ⓐ 點選【漸層顏色】

Ⓑ 點選【線性漸層】

Ⓒ 點選 ▨

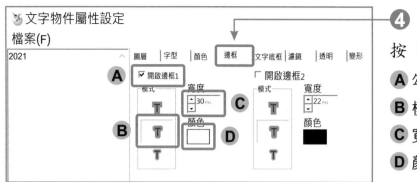

按【邊框】標籤，設定：

Ⓐ 勾選【開啟邊框1】

Ⓑ 模式點選 **T**

Ⓒ 寬度輸入【30】

Ⓓ 顏色設定 ▢

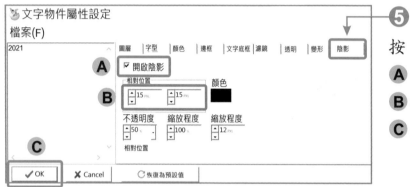

按【陰影】標籤，設定：

Ⓐ 勾選【開啟陰影】

Ⓑ 相對位置都輸入【15】

Ⓒ 最後按【OK】

▶ 新增副標題

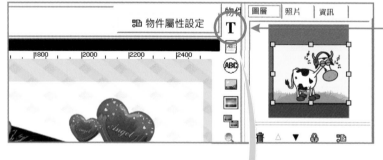

按 **T**，在下圖位置製作一個副標題

我的專屬月曆

> 如何新增文字物件，在
> 第 5 課就學過囉！

4 設計單月頁面

每個月都有特別的日子，例如 12 月就有歡樂的聖誕節！讓我們以 12 月為例，來設計這個月的月曆頁面吧！

 →

聖誕氣氛濃厚的 12 月

▶ 編輯標題

❶ 向下拖曳縮圖面板捲軸，點選【第12月】

❷ 點兩下【2012.12】，開啟物件屬性設定

③

文字更改為【2021.12】，並修改成你喜歡的效果 (例如圖示)

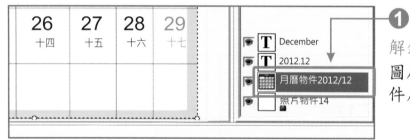

④

點兩下【December】，開啟物件屬性設定

更改成你喜歡的效果 (例如圖示)

> 標題大小與位置，等我們設定好月曆物件，再一併調整。

▶ 自訂月曆物件

①

解鎖【月曆物件2012/12】圖層，然後點兩下開啟物件屬性設定

②

在【日期設定】標籤下，設定：

Ⓐ 年份更改為【2021】

Ⓑ 水平/垂直間距都更改為【50】

③

按一下原【SUN】方格，接著在【日期文字與顏色】欄裡輸入【日】

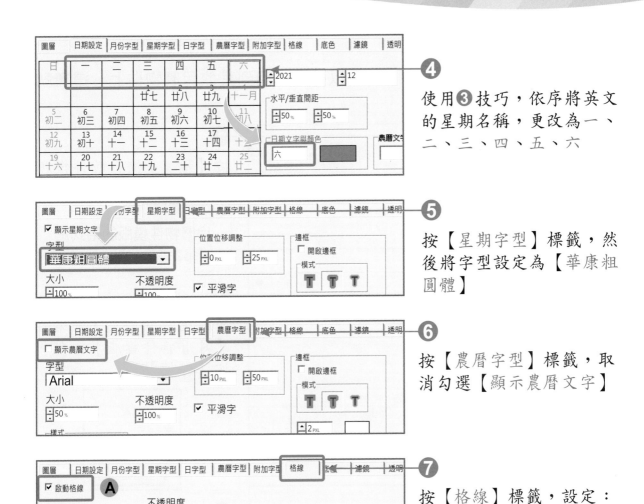

④ 使用❸技巧，依序將英文的星期名稱，更改為一、二、三、四、五、六

⑤ 按【星期字型】標籤，然後將字型設定為【華康粗圓體】

⑥ 按【農曆字型】標籤，取消勾選【顯示農曆文字】

⑦ 按【格線】標籤，設定：

Ⓐ 勾選【啟動格線】

Ⓑ 顏色設為 ▨

Ⓒ 寬度設為【6】

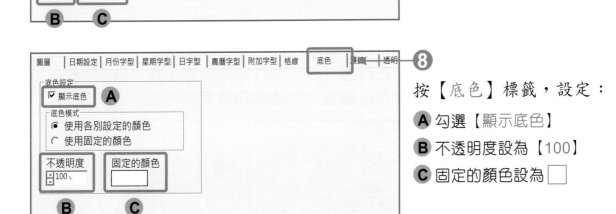

⑧ 按【底色】標籤，設定：

Ⓐ 勾選【顯示底色】

Ⓑ 不透明度設為【100】

Ⓒ 固定的顏色設為 □

▶ 儲存月曆物件模版

將月曆物件儲存成模版，就可以隨時套用到其他月曆物件上，這樣就不用一個個重複設定囉！

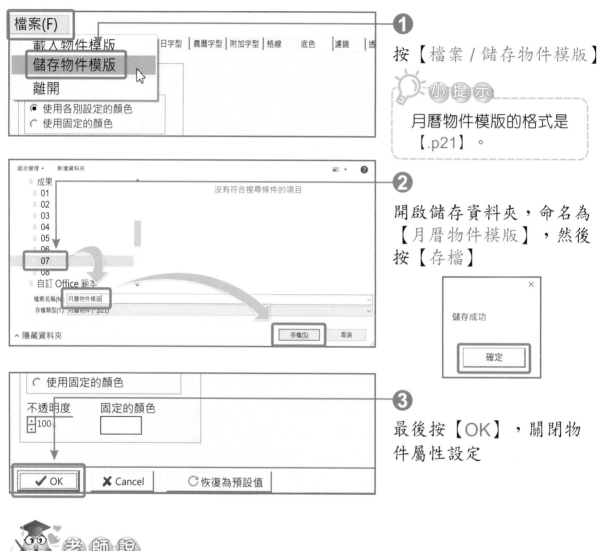

❶

按【檔案 / 儲存物件模版】

小提示

月曆物件模版的格式是
【.p21】。

❷

開啟儲存資料夾，命名為
【月曆物件模版】，然後
按【存檔】

❸

最後按【OK】，關閉物
件屬性設定

老師說

在編輯月曆物件時，可以在開啟【物件屬性設定】後，按【檔案 / 載入物件模版】，載入已儲存的模版，快速套用效果與格式：

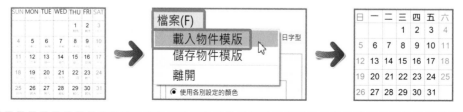

▶ 調整物件位置與大小

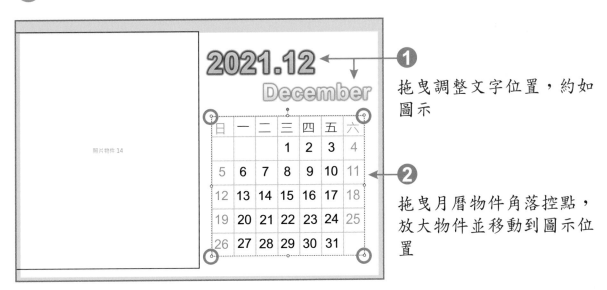

① 拖曳調整文字位置，約如圖示

② 拖曳月曆物件角落控點，放大物件並移動到圖示位置

▶ 設定底色

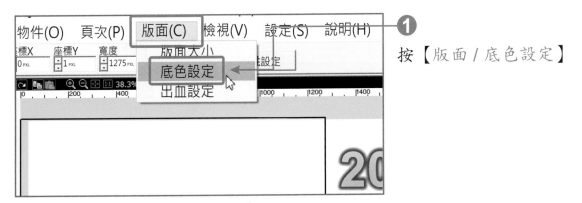

① 按【版面 / 底色設定】

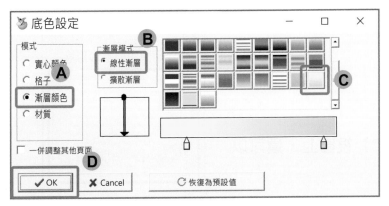

② 接著設定：

Ⓐ 點選【漸層顏色】

Ⓑ 點選【線性漸層】

Ⓒ 點選

Ⓓ 按【OK】

▶ 載入圖片

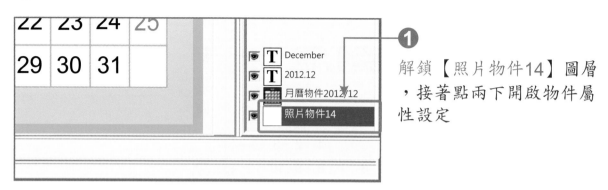

1 解鎖【照片物件14】圖層，接著點兩下開啟物件屬性設定

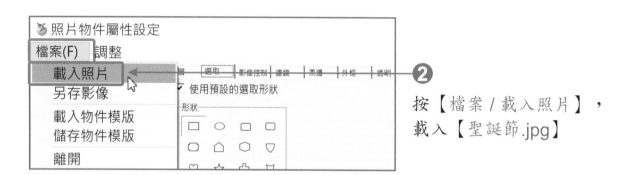

2 按【檔案／載入照片】，載入【聖誕節.jpg】

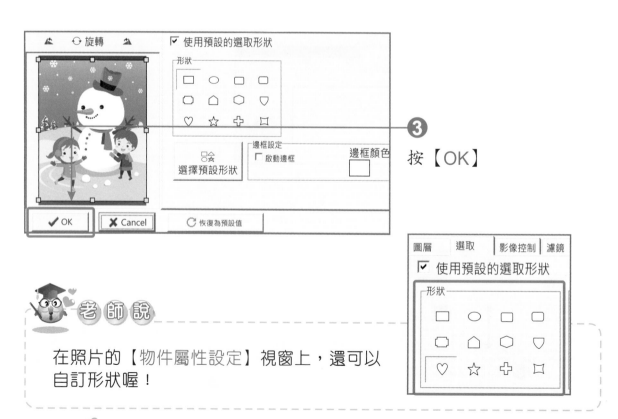

3 按【OK】

老師說

在照片的【物件屬性設定】視窗上，還可以自訂形狀喔！

▶ 儲存月曆專案

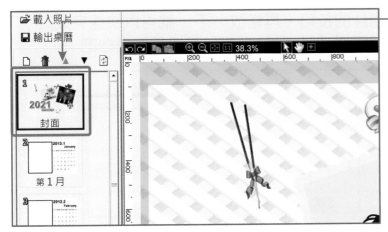

1 點選【封面】頁

> 小提示
>
> 這個動作,就是在指定要以哪一頁當作專案縮圖。

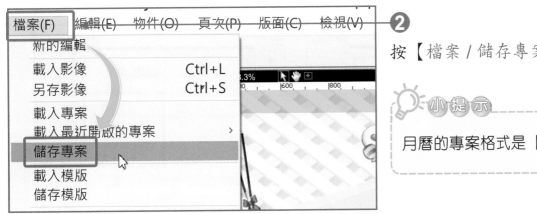

2 按【檔案 / 儲存專案】

> 小提示
>
> 月曆的專案格式是【.plp】

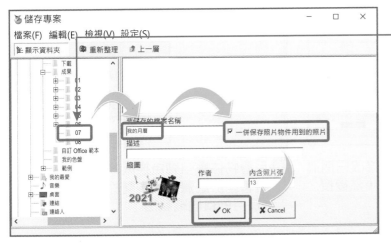

3 開啟儲存資料夾

檔名輸入【我的月曆】

勾選【一併保存照片物件用到的照片】

最後按【OK】

使用【複製】【貼上】物件的技巧，再修改一下，就可以快速完成其他月份的頁面編輯喔！以編輯【第1月】為例，來看看怎麼做吧：

❶ 在第12月頁面上，按住 Ctrl 複選標題與月曆物件，然後按【編輯 / 複製】

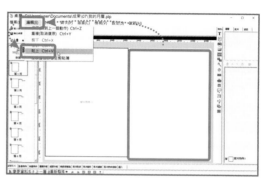

❷ 到第1月頁面上，刪除標題與月曆物件後，按【編輯 / 貼上】

❸ 陸續點兩下文字物件，修改標題為【2021.01】與【January】

❹ 點兩下月曆物件，開啟【物件屬性設定】視窗

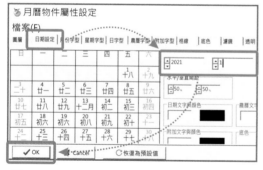

❺ 在【日期設定】標籤下，修改日期為【2021】(年) 與【1】(月)，然後按【OK】

❻ 月曆物件會自動更換成1月物件！接著自訂底圖與代表圖片，就完成1月的頁面編輯囉！

5 輸出月曆

把精心設計的月曆輸出成圖檔,隨時可以點兩下來查看,也可以分享給親友使用喔!來看看怎麼輸出吧!

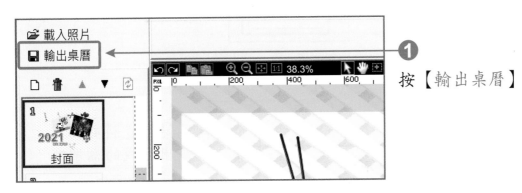

① 按【輸出桌曆】

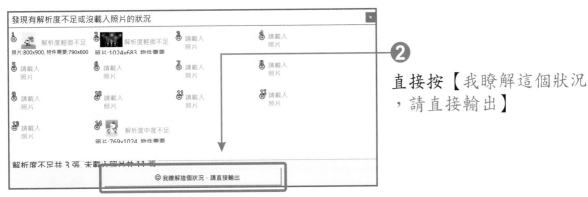

② 直接按【我瞭解這個狀況,請直接輸出】

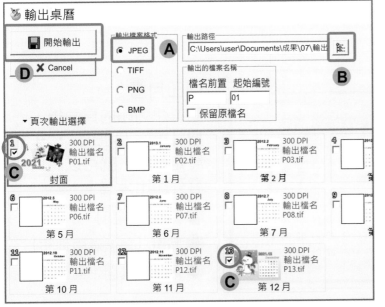

③

接著設定:

Ⓐ 點選想要的格式

Ⓑ 按 📠,指定儲存資料夾

Ⓒ 以本課練習為例,只勾選 【封面】與【第12月】 即可 (取消勾選其他月)

Ⓓ 最後按【開始輸出】

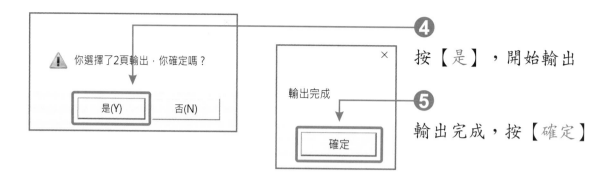

④ 按【是】，開始輸出

⑤ 輸出完成，按【確定】

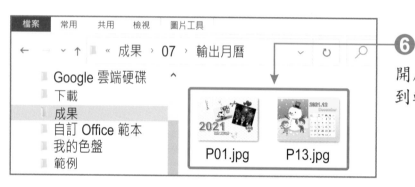

⑥ 開啟儲存資料夾，就會看到輸出完成的檔案囉！

P01.jpg　　P13.jpg

想一想...

同學們想一想，每個月各有哪些節日，然後把它們寫下來吧！

1月 _____　2月 _____　3月 _____　4月 _____

5月 _____　6月 _____　7月 _____　8月 _____

9月 _____　10月 _____　11月 _____　12月 _____

 老師說

列印月曆
點選想列印的頁面後，按【檔案／列印】，再設定如下，就可以將月曆列印出來喔！

Ⓐ 點選【橫印】

Ⓑ 點選【單張滿版列印】

Ⓒ 最後按【開始列印】

 懂更多　動手做 DIY

列印出來的一張張月曆，如果把它們裝訂成冊，就可變成實體桌曆，送禮自用兩相宜！可是要怎麼裝訂呢？來看看以下的舉例吧！

① 將列印出來的月曆，一張張裁好備用。
② 準備兩張與月曆一樣大的厚紙板，與兩個小扣環。
③ 將月曆與厚紙板疊起來，打兩個洞，再用扣環如圖示扣好，就完成啦！

進階練習圖庫　月份節日代表圖片

本書光碟【進階練習圖庫】資料夾中，有每個月份節日的代表圖片：你可以挑選適合的，運用在其他月份的編排喔！

( ) **1** 想製作月曆，要按？

1. 套模版　　　2. 寫真書　　　3. 桌曆

( ) **2** 按哪個按鈕可以解鎖圖層？

1. [鎖按鈕1]　　　2. [鎖按鈕2]　　　3. [按鈕3]

( ) **3** 在哪個標籤下可以修改年份與月份？

1. 月份字型　　　2. 日期設定　　　3. 日字型

( ) **4** 儲存月曆物件模版，有什麼好處？

1. 記錄日期　　　2. 可套用到其他月曆物件上
3. 記錄月份

延續本課練習成果，使用【範例 / 07 / 練功囉】裡的圖檔
(或自己準備的圖片) 與學到的技巧，完成其他月份的頁
面編輯吧！

示範參考

8 臺灣著名景點寫真書

- 照片拼貼與套用寫真書模版

臺灣著名景點

編輯製作：王小瑜
指導老師：李大成

臺北101

基隆九份老街

南投清境農場

新北淡水漁人碼頭

花蓮海洋

高雄駁二藝術特區

屏東墾丁國家公園

還有很多超好玩的
主題樂園

本 課 重 點

◎ 了解寫真書的製作
◎ 學會照片拼貼
◎ 寫真書模版的運用

統 整 課 程

社 會   藝 術

珍藏美景的寫真書

美麗的臺灣，有很多漂亮與好玩的景點！你去過幾個地方呢？讓我們將著名景點編輯成一本【寫真書】珍藏起來吧！

蒐集臺灣著名景點的照片

套用【寫真書】模版，輕鬆、快速完成專輯相簿

學會了以後，不管哪種主題的寫真書，都難不倒我！

要做成一本書耶...會不會很難啊？又該怎麼裝訂呢？

2 製作照片拼貼

【照片拼貼】也可以將多張照片合成在一張影像上，但它還可加上拍立得相片風格，而且還能更自由編輯版面喔！

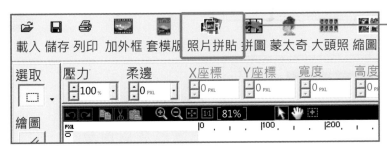

先新增一份 1024 x 768 300 dpi 不透明度100 的檔案

然後按 照片拼貼 【照片拼貼】

照片物件風格

拍立得風格 ▼

2

設定：

A ☑ 開啟隨機角度

B ☑ 開啟陰影

8 PXL

邊框顏色

C

Ⓐ 勾選【開啟隨機角度】

Ⓑ 勾選【開啟陰影】

Ⓒ 邊框顏色設定 □

3

按【載入照片】

④
點開【範例/08/照片拼貼】

按【加入所有的照片】

按【OK】

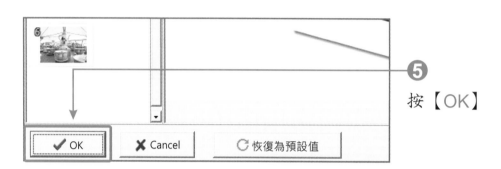

⑤
按【OK】

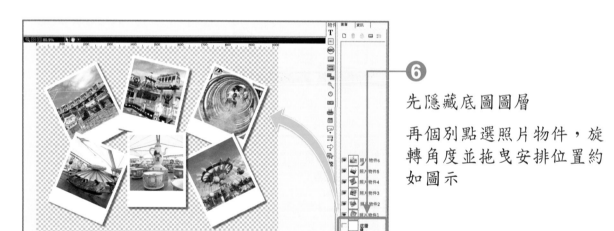

⑥
先隱藏底圖圖層

再個別點選照片物件,旋轉角度並拖曳安排位置約如圖示

⑦
按【檔案/另存影像】,命名為【照片拼貼】,將成果儲存起來
(.pcl 與有透明度的.png)

③ 套用模版與編輯封面頁照片

【寫真書】模版，就是預先編排好頁數、底圖、照片的相簿模組。
點選模版、載入照片，稍加修改，就可快速製作出一本寫真書喔！

▶ 套用模版

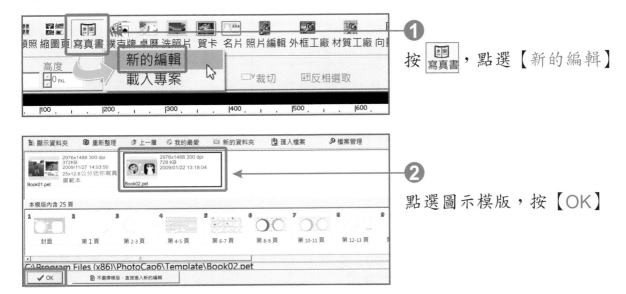

❶
按 [寫真書]，點選【新的編輯】

❷
點選圖示模版，按【OK】

▶ 刪減頁面與安排頁次

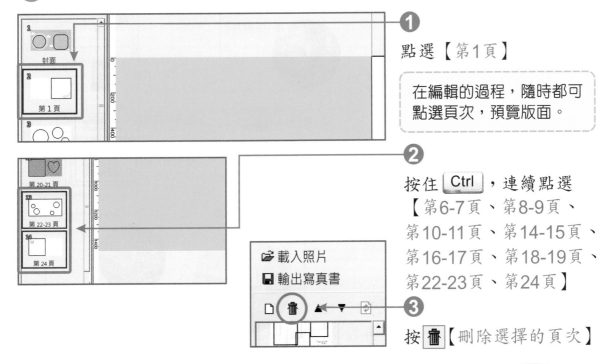

❶
點選【第1頁】

在編輯的過程，隨時都可
點選頁次，預覽版面。

❷
按住 Ctrl ，連續點選
【第6-7頁、第8-9頁、
第10-11頁、第14-15頁、
第16-17頁、第18-19頁、
第22-23頁、第24頁】

❸
按 🗑【刪除選擇的頁次】

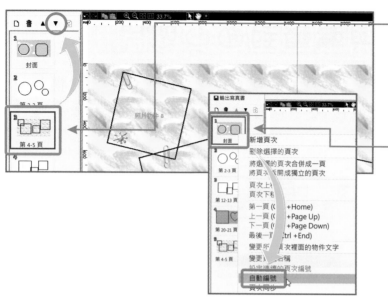

④ 點選【第4-5頁】，按兩下 ▼【頁次下移】，讓它變成最後一頁

⑤ 在【封面】頁上按右鍵，點選【自動編號】，頁面編號會重新整理排列

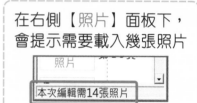

在右側【照片】面板下，會提示需要載入幾張照片

本次編輯需14張照片

▶ 載入照片與變更順序

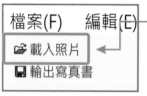

① 按【載入照片】，載入【範例/08/臺灣景點】裡的所有照片

第1-2頁

第1張照片

第2張照片

第3張照片

原順序

第1張照片縮圖

第2張照片縮圖

第3張照片縮圖

第1-2頁

②

Ⓐ 按視窗左方【第1-2頁】縮圖

Ⓑ 再按視窗右上方【照片】面板

Ⓒ 點選第1-2頁的第3張照片縮圖

Ⓓ 再按 ▲，就可以跟第2張照片對調（第1張照片維持不變）

※ 顯示區域與大小，稍後再設定

對調後

▶ 自訂版面底圖

寫真書模版雖然有預設的底圖，但如果可以更改為自己準備的圖片，就會更獨特喔！趕快來學！

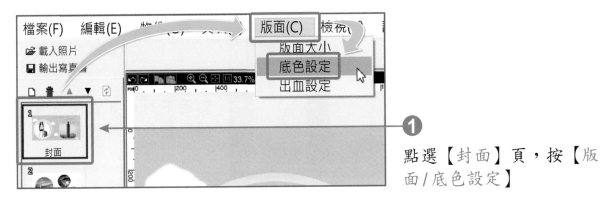

① 點選【封面】頁，按【版面/底色設定】

② 點選【材質】，按【載入材質影像】

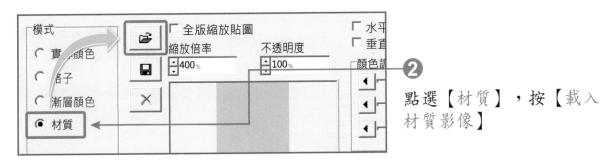

③ 按【匯入檔案】，匯入【範例/08/背景圖/背景.png】

④ 點選匯入的背景圖，然後按【OK】

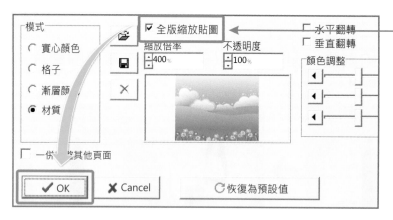

⑤ 勾選【全版縮放貼圖】，
按【OK】

無全版縮放

全版縮放

▶ 變更照片形狀與設定柔邊

① 點兩下封面頁右側照片，
開啟物件屬性設定視窗

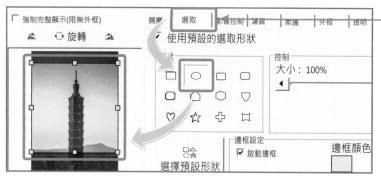

② 按【選取】標籤，點選喜
歡的形狀，例如 ⬭

調整照片顯示大小與區域

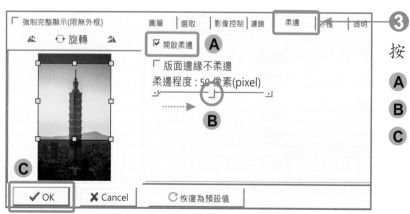

③ 按【柔邊】標籤，設定：

Ⓐ 勾選【開啟柔邊】

Ⓑ 設定柔邊程度為【50】

Ⓒ 按【OK】

④
放大並拖曳安排照片位置

▶ 設定封底照片

在【封面】頁上，其實包含了封面 (右) 與封底 (左) 兩頁喔！

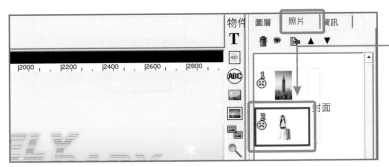

①
到【照片】面板，點兩下
封底照片，開啟物件屬性
設定視窗

小 提 示
在封底照片上層有其他物
件，不易點選到，所以改
到【照片】面板來點選。

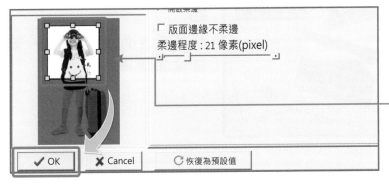

②
調整顯示大小與區域，按
【OK】

③
封面與封底的照片都設定
完成囉！

4 刪減與加入物件

在版面上的照片，都是獨立的物件，所以可以自由刪減、增加、編排大小、位置與旋轉喔！

1

點選【第7-8頁】，按住 Ctrl 複選圖示物件，然後按 Delete 將它們刪除

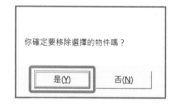

你確定要移除選擇的物件嗎？

是(Y)　　否(N)

2

旋轉照片角度與大小，安排位置如圖示

3

按 【照片物件】，插入第2節完成的【照片拼貼.png】，然後縮放、安排位置如圖示

⑤ 加入藝術字與圖說

與一般【文字物件】不同，使用【藝術字物件】可以編輯出特殊造型的文字，很適合做成標題或強調用的物件！另外讓我們在內頁與封底加上圖說，整本寫真書就顯得更專業、更完整囉！

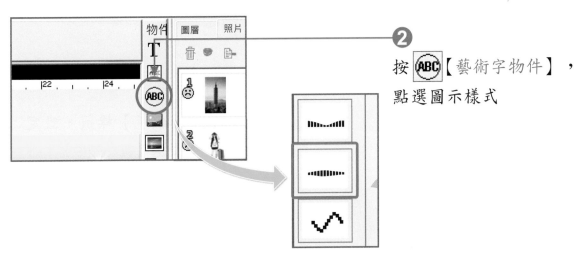

❶

點選【封面】頁，再按住 Ctrl 連續點選圖示兩個文字物件

按 Delete 將它們刪除

❷

按 (ABC)【藝術字物件】，點選圖示樣式

③ 出現藝術字物件

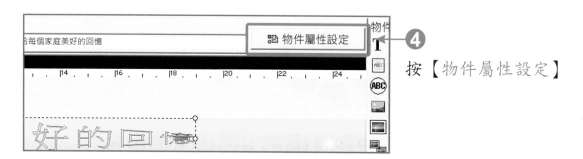

④ 按【物件屬性設定】

⑤ 在【文字與字型】標籤下設定：

A 字型：華康海報體W12

B 大小：240

C 文字間距：0

D 文字：臺灣著名景點

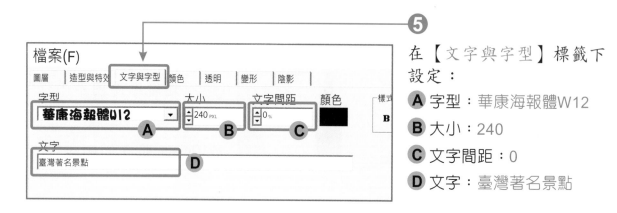

⑥ 按【顏色】標籤，設定：

A 點選【實心顏色】

B 顏色：

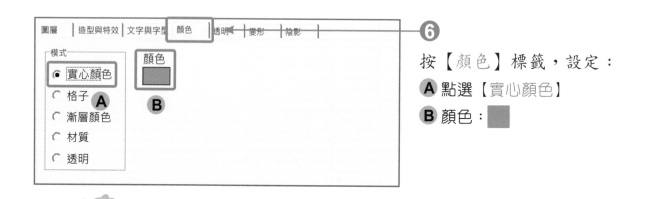

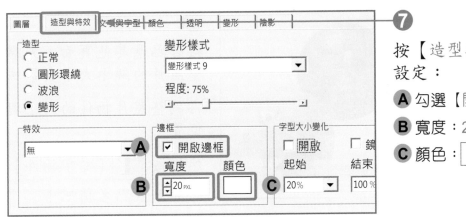

按【造型與特效】標籤，
設定：

Ⓐ 勾選【開啟邊框】

Ⓑ 寬度：20

Ⓒ 顏色：

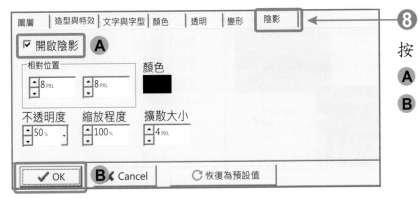

按【陰影】標籤，設定：

Ⓐ 勾選【開啟陰影】

Ⓑ 按【OK】

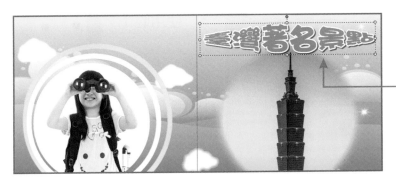

⑨

拖曳物件到圖示位置，
這樣就完成用藝術字做
封面標題囉！

⑩

接著按 Ｔ【文字物件】
製作兩個圖示文字

編輯製作：王小瑜
指導老師：李大成

臺北101

基隆九份老街

新北淡水漁人碼頭

花蓮海洋公園

⓫

接著點選其他頁面,先調整照片的顯示大小與區域

再調整照片物件的大小與位置

然後按 $\boxed{\text{T}}$ 【文字物件】,加上景點名稱吧!

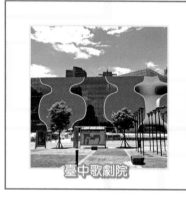

南投清境農場

臺中歌劇院

臺南孔廟

💡 小提示

製作圖說,可以先完成一個,然後用複製貼上、再修改的技巧,快速完成!

高雄駁二藝術特區

屏東墾丁國家公園

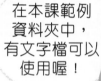

在本課範例資料夾中,有文字檔可以使用喔!

耶!
製作成功!

還有很多超好玩的
主題樂園

6 輸出寫真書

將成果輸出成圖檔，可以分享給親友，也可攜帶到其他電腦列印；當然也可以由專案檔直接列印，就依個人需求來選擇喔！

① 先按【檔案 / 儲存專案】，將成果儲存成 .pep 格式的寫真書專案檔

② 接著按【輸出寫真書】

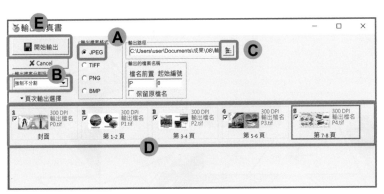

③ 設定：

Ⓐ 點選想要的格式

Ⓑ 分割設定點選【強制不分割】

Ⓒ 按 ，指定儲存資料夾

Ⓓ 勾選所有頁面

Ⓔ 最後按【開始輸出】

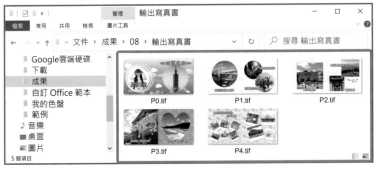

④ 輸出完成後，在儲存資料夾中，就會看到輸出後的圖檔囉！

 老師說

在寫真書編輯視窗，按【檔案 / 列印】，就可以逐一將每個頁面列印出來。方法請參考第 2 課 P40 (列印方向記得點選【橫印】喔！)。

7 如何裝訂寫真書

列印出來的頁面該如何裝訂成寫真書呢?看看以下的提示,就可以裝訂出一本精美的實體寫真專輯囉!

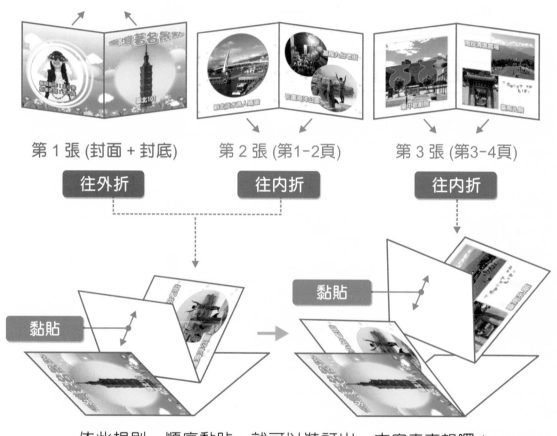

第 1 張 (封面 + 封底)　　第 2 張 (第1-2頁)　　第 3 張 (第3-4頁)

往外折　　往內折　　往內折

黏貼　　黏貼

依此規則,順序黏貼,就可以裝訂出一本寫真專輯囉!

本書的課程到此已告一段落囉!發揮創意、勤加練習,讓我們都變成影像小達人吧!

 練 功 囉

( ) **1** 下面哪個功能，不能在同一個畫面展示很多照片？

　　1.照片拼貼　　　　2.拼圖　　　　　3.縮圖頁

( ) **2** 在【寫真書】模版上，想刪除不要的頁次，要按？

　　1. 🗑　　　　　　2. 🗋　　　　　　3. ▲

( ) **3** 在哪個面板，可以對調寫真書頁面上的照片順序？

　　1.圖層　　　　　　2.照片　　　　　3.資訊

( ) **4** 想自訂寫真書頁面的底圖，要按？

　　1.版面/版面大小　　　　　2.設定/喜好設定
　　3.版面/底色設定

 練 功 囉

使用【範例/08/練功囉】裡的檔案(或自己準備的照片)與
學到的技巧，試著做出一份班級活動寫真書吧！

示範參考

PhotoCap 6 影像小達人

圖書編號：SA40
ISBN：978-986-96307-6-4

作　　者： 小石頭編輯群・夏天工作室
發 行 人： 吳如璧
出 版 者： 小石頭文化有限公司
　　　　　 Stone Culture Company
地　　址： 臺北市內湖區康寧路三段22-1號2樓
電　　話： (02) 2630-6172
傳　　真： (02) 2634-0166
E - mail ： stone.book@msa.hinet.net
郵政帳戶： 小石頭文化有限公司
帳　　號： 19708977

致力於環保，本書原料和生產，均採對環境友好的方式：
- 日本進口無氯製程的生態紙張
- Soy Ink 黃豆生質油墨
- 環保無毒的水性上光

PRINTED WITH SOY INK

ECO-PULP

SAVE WORLD

國家圖書館出版品預行編目(CIP)資料

定價 249 元 ・ 2021 年 04 月　初版

PhotoCap 6 影像小達人
小石頭編輯群 ・ 夏天工作室 作
- 臺北市：小石頭文化，2021.04
　　　面；　公分

ISBN 978-986-96307-6-4 (平裝)

1. 電腦教育　　3. 數位影像處理
2. 多媒體　　　4. 小學教學

523.38　　　　　　　　110004910

書局總經銷：
聯合發行股份有限公司
電話:(02) 2917-8022

學校發行：
校園文化事業有限公司
電話: (02) 2659-8855

零售郵購：
服務專線: (02) 2630-6172